Feste feiern

Hochzeit

Katja Henning

Feste feiern

HOCHZEIT

Inspirationen für den besonderen Tag:
Tischdeko, Einladungskarten, Gastgeschenke
und mehr

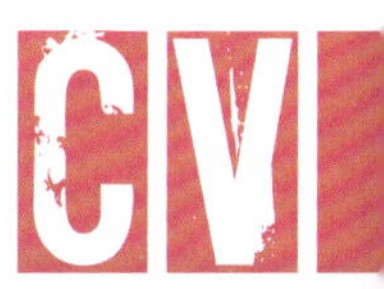

Inhalt

Vorwort

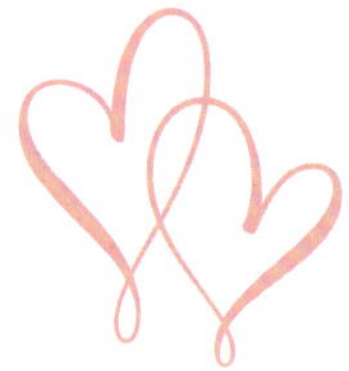

Liebe Selbermacherin, lieber Selbermacher, liebes Hochzeitspaar,

wie schön – ihr habt euch entschieden, „Ja!“ zueinander zu sagen und den Rest eures Lebens gemeinsam zu verbringen. Zu diesem Entschluss von mir schon heute „Herzlichen Glückwunsch“! Vor euch liegt nun eine aufregende, spannende, ereignisreiche und hoffentlich kreative Zeit. Es freut mich sehr, dass ihr euch für euren einzigartigen Tag von diesem Buch inspirieren lassen möchtet. Egal ob ihr romantisch, verspielt oder minimalistisch heiraten wollt: Dieses Buch bietet euch über 25 Inspirationen zu Papeterie, Tischschmuck, Gastgeschenken und vielem mehr.

Auf den ersten Seiten sorgen Checklisten dafür, dass nichts Wichtiges vergessen wird. Auf den dann folgenden Seiten erwarten euch Projekte mit Schritt-für-Schritt-Anleitungen, gespickt mit Tipps und Tricks und wunderbaren Ideen, die euren Hochzeitstag zu etwas ganz Besonderem machen. Dabei haben meine Projekte einen hohen Anspruch an Kreativität, Design und Ästhetik, die dem besonderen Anlass gerecht werden. Aber keine Sorge, deshalb sind sie noch lange nicht schwierig. Ihr werdet sehen, wie leicht es ist, auch wirklich hochwertige Hochzeitsdeko selbst herzustellen.

Dabei müsst ihr meine Anleitungen nicht exakt befolgen. Macht die abgebildeten und erläuterten DIY-Projekte zu EUREN DIY-Projekten. Die entscheidende Rolle spielen Farben, Muster oder die Größe. Probiert euch aus, seid mutig und spontan und lasst eurer Kreativität und euren Ideen einfach freien Lauf und verleiht eurer Hochzeit mit viel Liebe und Fantasie ganz persönlichen Charme.

Ich hoffe, ihr habt viel Freude am Gestalten eurer Unikate und der Funke Begeisterung springt bei jedem einzelnen Projekt, das ich für dieses Buch ausgewählt habe, auf euch über. Viel Spaß beim Mit-Liebe-Gestalten.

Eure Katja

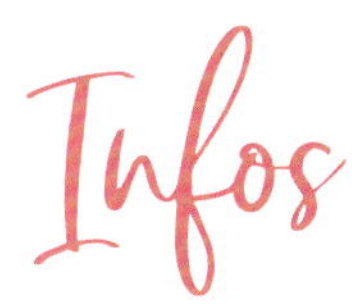

Damit du Zeit, Kosten und Schwierigkeitsgrad abschätzen kannst, geben dir die drei folgenden Skalen eine Orientierungshilfe. Du findest die kleinen Piktogramme an jedem Projekt und siehst so auf den ersten Blick, welchen zeitlichen und finanziellen Aufwand du bedenken musst und welches Projekt am besten zu deinen Fähigkeiten passt.

Schwierigkeitsgrad

Kinderleicht

Ziemlich leicht

Trau dich – leichter als du denkst

Zeitaufwand

Keine halbe Stunde

0,5–1 Stunde

Über 1 Stunde

Kosten

Bis 5 Euro

5–10 Euro

Über 10 Euro

Materialien und Werkzeuge, die gezeigt werden, habe ich aufgrund von persönlichen Erfahrungen ausgewählt. Du bist natürlich immer frei, andere Produkte oder Marken zu verwenden.

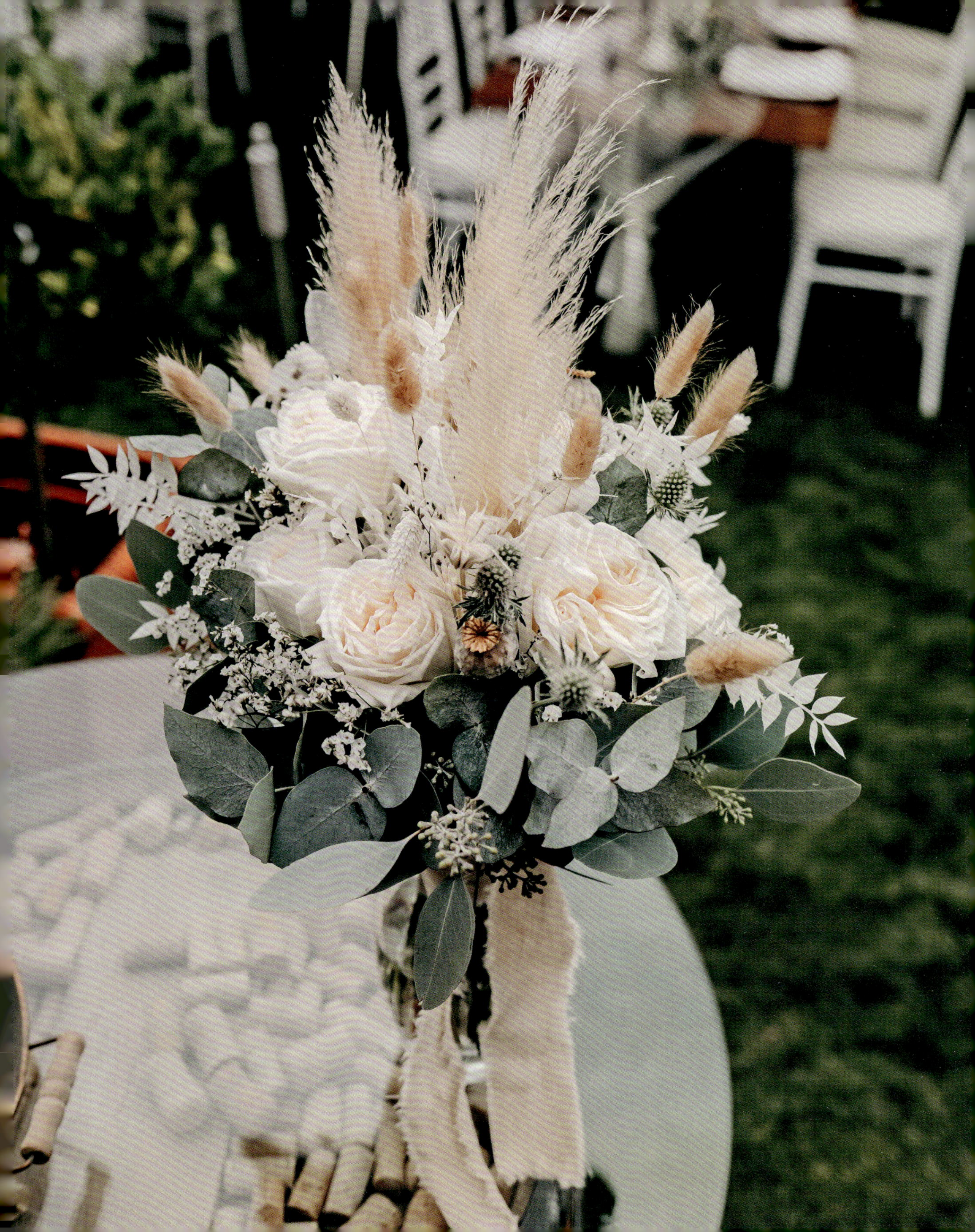

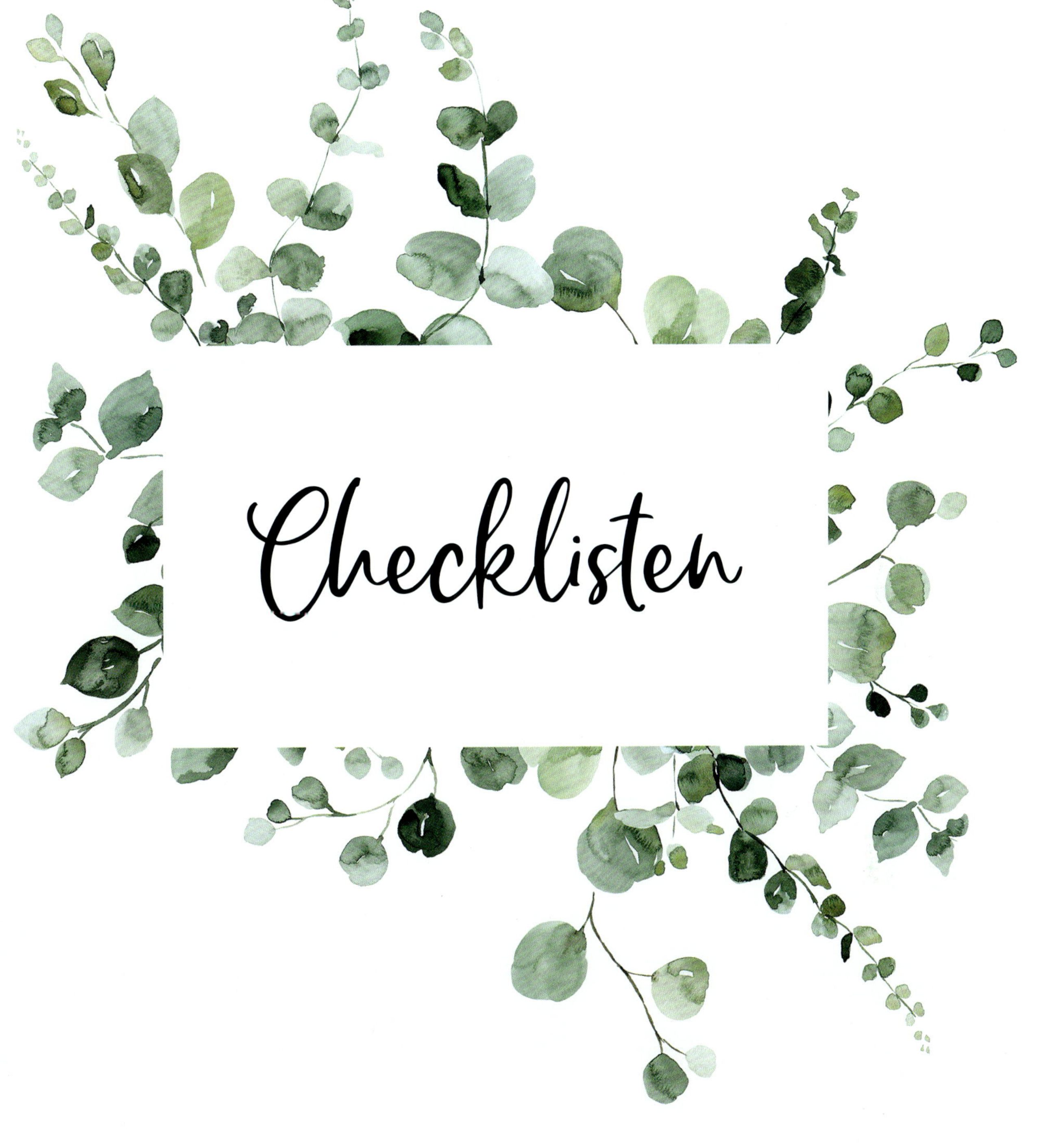

Checklisten

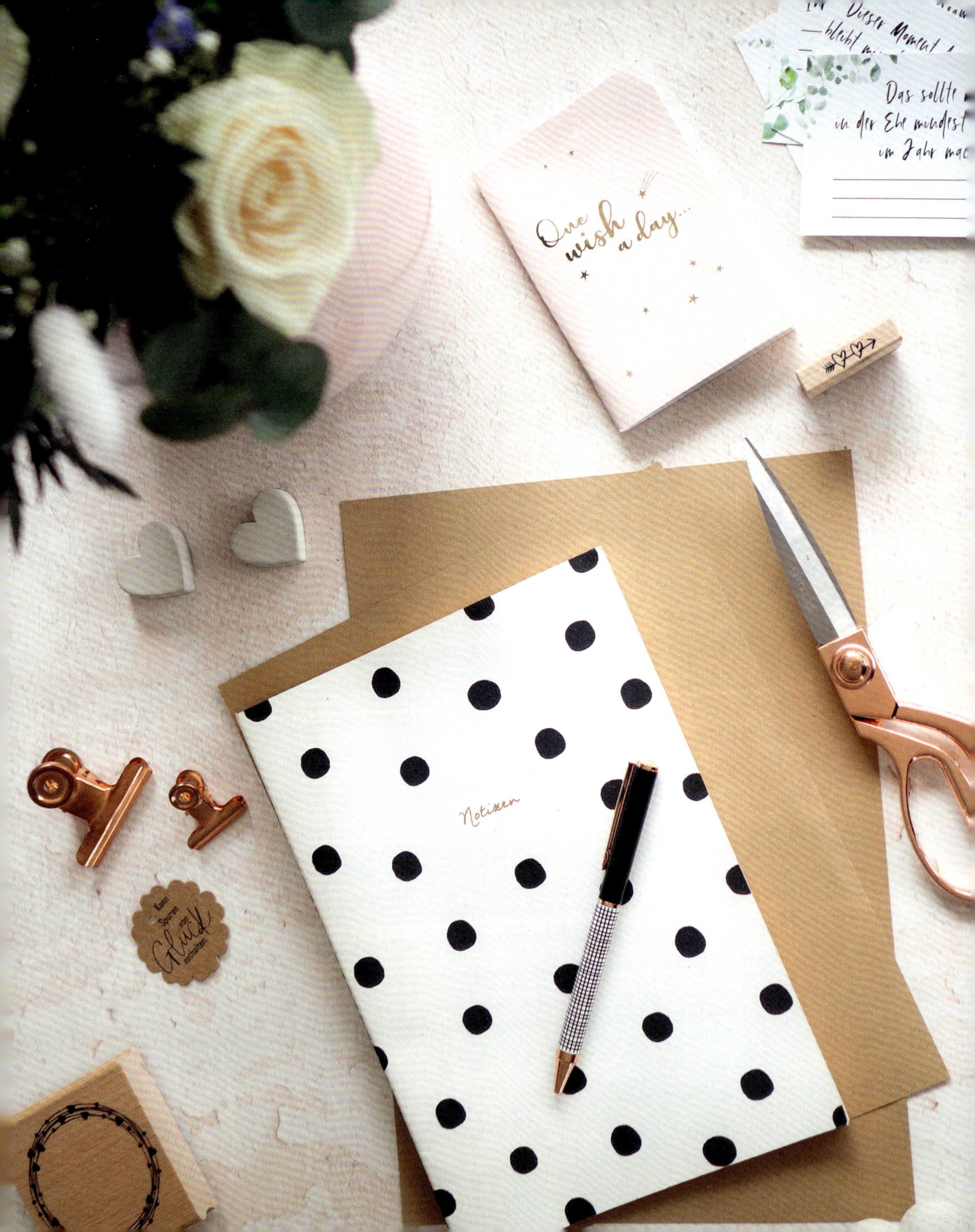
One wish a day...
Notizen
Kann Spuren von Glück enthalten.

1 Jahr – gut Ding will Weile haben

O *Hochzeitstermin festlegen*
Achtet dabei auf Feiertage und Ferientermine, damit eure Gäste auch ganz sicher Zeit für euch haben.

O *Budget definieren*
Es ist der schönste Tag eures Lebens und er wird für immer in eurer Erinnerung bleiben. Auf eurem Konto soll er aber – wenn möglich – nicht so lange sichtbar sein. Legt daher frühzeitig einen Budgetrahmen fest.

O *Locations besichtigen und reservieren*
Wird standesamtlich und auch kirchlich geheiratet? Wählt eure Wunsch-Locations rechtzeitig aus. Achtet darauf, dass die beiden Locations nicht zu weit voneinander entfernt sind. Alle eure Gäste haben diese Entfernung zu meistern.

O *Dokumente zusammenstellen*
Informiert euch beim Standesamt und eurer Kirchengemeinde, welche Unterlagen ihr benötigt, und stellt diese zusammen. Achtet auf ihre Gültigkeit. Jetzt ist sicher auch eine gute Zeit, sich über den oder die künftigen Nachnamen Gedanken zu machen.

O *Pfarrer oder Theologen suchen und buchen*
Ihr habt einen Wunsch-Pfarrer oder wollt eine freie Trauung mit einem Theologen? Dann solltet ihr euch rechtzeitig auf die Suche begeben und den Termin mit eurem Wunsch-Hochzeitsredner abstimmen.

O *Save-the-Date-Karte verschicken*
Die ersten aber wichtigen Eckdaten stehen? Dann raus mit der Save-the-Date-Einladung, damit sich all eure Lieben euren Hochzeitstermin im Kalender vormerken können. Eine Idee, wie ihr eine Save-the-Date-Karte gestalten könnt, findet ihr hier im Buch auf Seite 26.

6 Monate – Halbzeit

○ *Trauzeug*innen bestimmen*
Trauzeugen oder Trauzeuginnen auszuwählen, hat eine lange Tradition und ist für die Auserwählten meist eine große Ehre. Oft unterstützen die Trauzeug*innen auch tatkräftig und mit viel Freude bei der Organisation eures großen Tages.

○ *Eheschließung beim Standesamt anmelden*
Das Aufgebot bestellen klingt etwas altbacken – eigentlich bedeutet es nichts anderes als eine öffentliche Anmeldung zur Eheschließung beim Standesamt.

○ *Übernachtungsmöglichkeiten für eure Gäste checken*
Eure Gäste brauchen eine Pension oder ein Hotel? Dann empfiehlt es sich, ein Kontingent zu reservieren und die Gäste darüber in der Einladung zu informieren.

○ *Brautkleid und Hochzeitsanzug aussuchen*
Ein Highlight in der Hochzeitsvorbereitung ist die Auswahl des Brautkleides. Nehmt euch hierfür genügend Zeit. Vielleicht kommen Trauzeug*innen und Eltern mit und unterstützen bei der Entscheidung.

○ *Eheringe auswählen*
Auch Eheringe haben – ob mit oder ohne Gravur – eine nicht zu unterschätzende Lieferzeit. Wählt sie daher rechtzeitig aus, damit sie pünktlich zum Hochzeitstag da sind.

○ *Flitterwochen planen*
Ihr habt geplant, nach eurer Hochzeit direkt in die Flitterwochen zu starten? Dann solltet ihr eure Reise jetzt buchen.

○ *Einladungskarten gestalten, drucken lassen und versenden*
Da ihr ja bereits Save-the-Date-Karten versendet habt, kennen eure Gäste zumindest die Eckdaten. Jetzt ist es an der Zeit, mehr Details zu verraten über Locations, Zeiten und Abläufe. Auch ein dezenter Hinweis auf eure Hochzeitswünsche kann hier platziert werden. Ganz wichtig aber ist ein Termin, bis zu

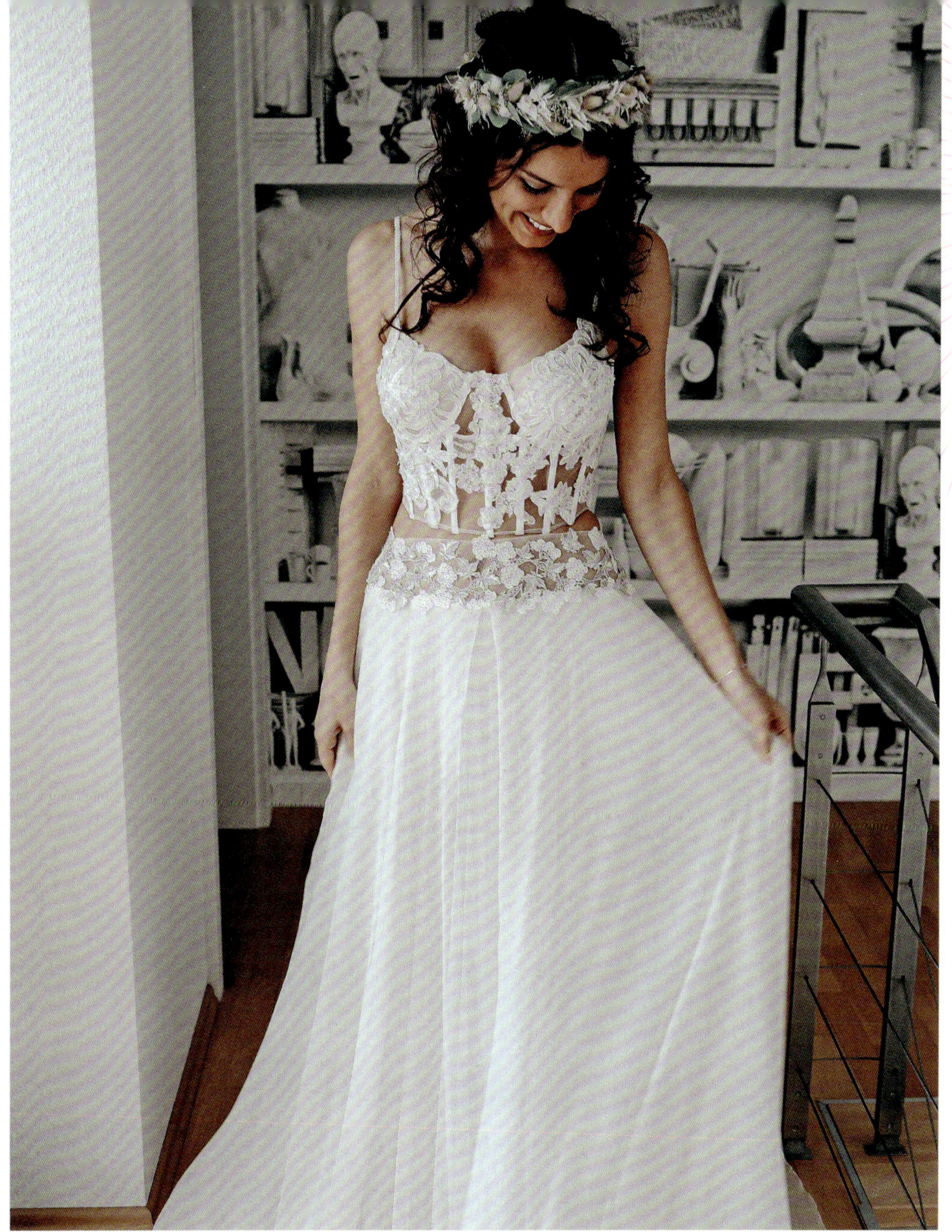

dem ihr eine Rückmeldung erwartet. Ohne diese wird die weitere Planung schwer. Wie ihr eure Einladungen gestalten könntet, zeige ich euch in diesem Buch ab Seite 28.

O *Band oder DJ auswählen*

Soll auf eurer Hochzeit ein DJ oder eine Band für Stimmung sorgen, dann solltet ihr spätestens jetzt eine Auswahl treffen und die entsprechenden Künstler*innen buchen.

3 Monate – der Countdown läuft

O *Hochzeitsauto oder Pferdekutsche reservieren*
Zum Standesamt, zur Kirche, zur Location – an einem Hochzeitstag ist so manche Strecke zurückzulegen. Ob Kutsche oder Stretchlimousine, hängt von eurem Geschmack ab. Das gewünschte Gefährt solltet ihr nur rechtzeitig buchen.

O *Foto- oder Videograf*in engagieren*
Euren Tag wollt ihr sicher für die Zukunft auf Foto oder Video festhalten. Jede/r Foto- bzw. Videograf*in hat eine eigene Bildsprache. Schaut euch an, was und wie er bzw. sie Dinge „festhält" und wählt euren Lieblingsfotolook.

O *Menü festlegen*
Liebe geht bekanntlich durch den Magen. Ein festliches Essen sollte daher gut geplant sein. Hier hilft euch das Restaurant oder der Cateringdienst, den ihr für eure individuelle Location buchen könnt.

O *Menükarten gestalten, drucken oder drucken lassen*
Sobald das Menü steht, könnt ihr eure Menükarten gestalten. Hier können neben den Speisen auch die Getränke aufgeführt werden, z.B. die von euch passend zum Menü ausgewählten Weine. Eine süße Idee und eine ganz herzliche Möglichkeit, euer Menü zu präsentieren findet ihr in diesem Buch auf Seite 40.

O *Outfit fürs Standesamt aussuchen*
Für die standesamtliche Trauung braucht ihr ebenfalls ein Outfit, das rechtzeitig ausgesucht werden sollte. Spätestens jetzt solltet ihr euch darüber Gedanken machen. Sinnvoll ist sicher, wenn sich Braut und Bräutigam hier abstimmen.

O *Finale Gästeliste erstellen und Sitzordnung festlegen*
Nachdem alle Rückmeldungen eurer geladenen Gäste eingetroffen sind, könnt ihr die finale Gästeliste erstellen und die Sitzordnung festgelegen. Überlegt gut, wen ihr nebeneinander setzt. Die Sitznachbarn verbringen ja doch einige Stunden nebeneinander oder an einem Tisch. Damit die richtige Stimmung aufkommen kann, sollten die Charaktere gut zusammenpassen. Ob Namenskärtchen oder eine ausgehängte Sitzordnung euren Gästen den richtigen Platz zuweist, bestimmt ihr – Ideen dazu findet ihr in diesem Buch ab Seite 63.

○ *Sektempfang am Standesamt und/oder Location organisieren*
Den Tag über werdet ihr verschiedene Locations ansteuern. An mindestens einer werdet ihr eure Gäste sicher mit einem Sekt empfangen wollen. Entscheidet ihr, ob am Standesamt, an der Kirche oder in der Location. Das ist eine Aufgabe, die sehr gut auch von euren Trauzeug*innen organisiert werden kann.

○ *Probestyling und Friseur-/Stylingtermin vereinbaren*
Damit am Tag der Tage alles gut vorbereitet ist und nichts dem Zufall überlassen wird, empfiehlt sich ein Probestyling beim Friseur eures Vertrauens. Hier wird die Frisur gesteckt, das Make-up besprochen und gleich Termin und Uhrzeit für den Hochzeitstag vereinbart.

○ *Junggesell*innenabschied planen*
Ihr plant, euch vom Junggesellen- bzw. Junggesellinnenleben gebührend zu verabschieden? Dann muss auch das sorgfältig geplant werden. Der Junggesell*innenabschied findet meist erst kurz vor der Hochzeit statt und wird in der Regel von Freundinnen und Freunden bzw. den Trauzeug*innen organisiert.

○ *Dekoration und Blumenschmuck auswählen und bestellen*
Florist*innen bieten umfängliche Hochzeitspakete an. Es gibt einiges, was an einem Hochzeitstag mit Blumen bestückt werden will: ob Schmuck für Kirchenbänke, Autos, Junggesell*innen oder Brautstrauß, Wurfstrauß oder Anstecker für den Bräutigam. Dem Blumenschmuck sind schier keine Grenzen gesetzt. Aber vielleicht wollt ihr die eine oder andere Dekoration auch selbst erstellen. Ideen dazu findet ihr in diesem Buch.

○ *Hochzeitstorte auswählen und bestellen*
Festliche Hochzeitssahnetorte oder leckerer Hochzeitsobstkuchen? Das bleibt ganz euch überlassen. Ebenso, wann ihr eure Hochzeitstorte anschneidet – zur Kaffee- und Kuchenzeit oder als Mitternachtsschmankerl. Viel Spaß beim Probeschlemmen und der Auswahl.

○ *Gastgeschenke festlegen*
Brauch ist es, die Gäste mit einem kleinen Geschenk zu bedenken. Klassische Hochzeitsmandeln, Blumensamen, Schnaps- oder Sekt-Minis – diese kleinen Geschenke könnt ihr zusammen mit Freund*innen verpacken und auf den Plätzen verteilen. Die eine oder andere Idee dazu findet ihr in diesem Buch ab Seite 73.

○ *Gästebuch organisieren*

Damit ihr noch mehr wunderbare Erinnerungen an eure Gäste habt, ist es schön, wenn sie sich in einem Gästebuch verewigen. Legt es am Tag der Hochzeit gut sichtbar auf einem Tisch aus und bittet eure Gäste, ein paar nette Worte zu hinterlassen. Stuhl und verschiedene Stifte nicht vergessen. Ihr könnt auch ein ganz individuelles Gästebuch gestalten. Ein Projekt in diesem Buch zeigt euch, wie es geht (S. 36).

○ *Geschenketisch*

Dass man am Hochzeitstag reichlich beschenkt wird, ist kein Geheimnis. Oft weiß man nicht, wohin mit den meist üppig verpackten Überraschungen. Bedenkt daher bereits vorab einen Geschenketisch. Hier könnt ihr die Geschenke entgegennehmen und gebührend würdigen.

○ *Tanzkurs belegen*

Ihr plant für euren großen Tag einen Hochzeitstanz, um die Tanzfläche feierlich zu eröffnen, seid aber von Haus aus nicht gerade begnadete Tänzer? Dann lohnt es sich zu überlegen, ob ihr einen kleinen Tanzkurs bucht, um den Hochzeitstanz mit professioneller Hilfe einzustudieren. Ganz sicher ein Riesenspaß bereits in der Vorbereitung.

○ *Programmhefte für die Trauung gestalten*

Egal ob kirchliche oder freie Trauung, es handelt sich meist um ein umfangreicheres Programm. Damit eure Gäste wissen, was auf sie zukommt, stellt doch die Programmpunkte in einem kleinen Programmheft zusammen und legt sie auf den Sitzplätzen aus. Für die Gäste auch eine wunderschöne Erinnerung an euren Hochzeitstag. Lasst euch durch mein DIY-Kirchenheft in diesem Buch inspirieren, wie ihr euer eigenes Programmheft gestalten könnt (S. 44).

○ *Letzte Anprobe für Brautkleid und Hochzeitsanzug*

Damit am Hochzeitstag alles sitzt, wird das Brautkleid kurz vorher nochmals anprobiert und falls notwendig werden letzte Anpassungen vorgenommen.

○ *Ringe abholen*

Vor einigen Monaten habt ihr eure Eheringe ausgesucht und individualisieren lassen. Jetzt ist es soweit: Ihr haltet eure Eheringe in den Händen und fiebert auf den großen Tag hin.

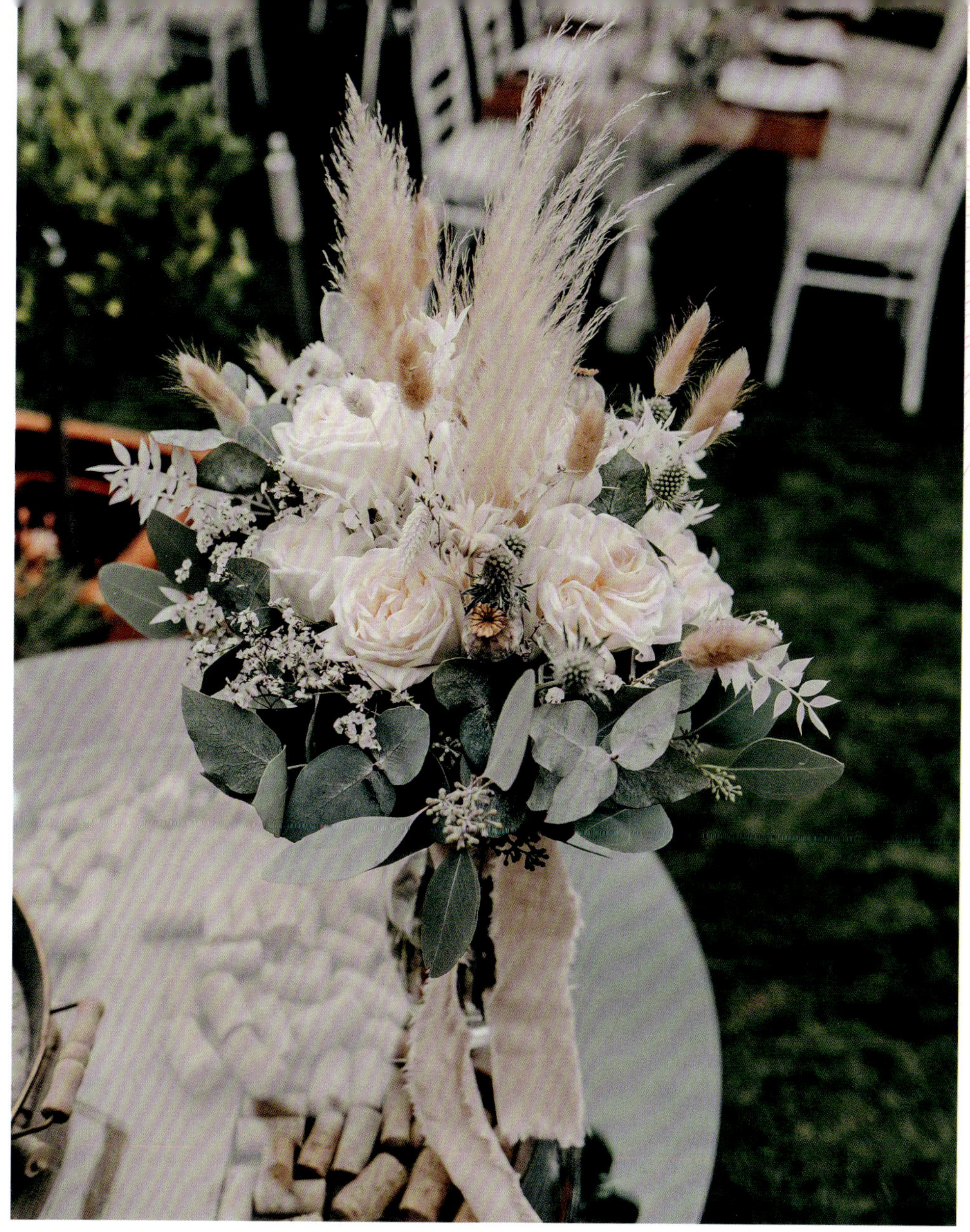

○ *Ringkissen besorgen oder selbst gestalten*

Um die Ringe vor dem Anstecken feierlich zu übergeben, könnt ihr ein Ringkissen verwenden. Diese gibt es zu kaufen – ganz leicht könnt ihr euer individuelles Ringkissen aber auch selbst herstellen. Eine Idee dazu gibt es in diesem Buch auf Seite 48.

○ *Abläufe für den Hochzeitstag besprechen und festlegen*

Alle Beteiligten sollten den Ablauf kennen und Termine und Besprochenes bestätigen. Am besten, ihr haltet alles Wichtige in Checklisten fest.

1 Woche – jetzt wird es ernst

○ *Letzte Aufgaben verteilen*
Langsam liegt Spannung in der Luft, der große Tag kommt immer näher. Hier und da sind noch Aufgaben zu erledigen. Spannt Freund*innen und Trauzeug*innen ein – sie haben sicher großen Spaß, euch bei den letzten Vorbereitungen zu unterstützen.

○ *Tischrede vorbereiten*
Ob ein kurzes „Das Buffet ist eröffnet" oder eine längere Tischrede übers Kennenlernen und andere Anekdoten des Brautpaares: Gut überlegt sollten eure Worte sein. Redet er? Redet sie? Oder reden beide? Sprecht euch am besten über den Ablauf und die Inhalte vorher ab.

○ *Sitzordnung, Tisch- und Menükarten an Location weitergeben*
Gebt alle Informationen rechtzeitig an die Location weiter – insbesondere die Sitzordnung, Tisch-, Namenskärtchen und die Menükarten –, damit beim Eindecken alles gleich seinen richtigen Platz findet. Inspirationen zu Tisch- und Menükarten gibt es in diesem Buch (S. 40 und S. 63).

○ *Papiere nochmals auf Vollständigkeit und Gültigkeit prüfen*
Wissen ist gut, Kontrolle ist besser. Prüft nochmals, ob alle Papiere da und auch gültig sind.

○ *Tasche für den großen Tag packen*
Überlegt gut, was ihr vielleicht dringend brauchen könnt an eurem Ehrentag. Blasenpflaster, Taschentuch, Nadel und Faden, eine Ersatzstrumpfhose, Kopfschmerztablette oder Riechsalz – ihr kennt euch am besten und wisst, was ihr sicherheitshalber bei euch haben solltet, wenn es mehr als aufregend zugeht.

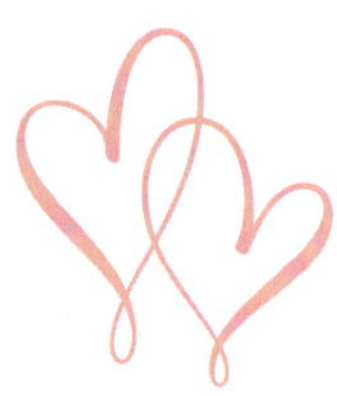

Der Tag davor – ruhig bleiben!

O *Brautstrauß abholen*
Den Brautstrauß abzuholen ist ein ganz besonderer Moment. Euer Strauß begleitet euch den ganzen Hochzeitstag und wird euch auch später – ob getrocknet oder fotografisch festgehalten – immer an einen tollen Tag erinnern.

O *Blumenschmuck und Dekoration in die Location bringen*
Auch die Blumen für Kirche, Location und Auto holt ihr heute ab und liefert sie dorthin, wo sie gebraucht werden. Hier unterstützen ganz sicher auch eure Trauzeug*innen.

O *Besuch im Nagelstudio*
Nagellack muss ausreichend lange trocknen. Am besten ist es daher, ihr plant den Termin am Abend vor eurer Hochzeit ein und setzt euch dann mit einem kühlen Getränk entspannt auf Couch, Balkon oder Terrasse.

O *Hochzeitsauto schmücken*
Für den Fall, ihr habt Hochzeitsauto oder -kutsche gebucht, müsst ihr euer Gefährt vielleicht am Tag vorher schon abholen. So bleibt auch genügend Zeit, es zu schmücken und eventuell scheppernde Blechdosen anzubringen. Ein DIY zu individuellen Blechdosen findet ihr in diesem Buch auf Seite 82.

O *Auswärtige Gäste begrüßen*
Vielleicht reisen einige Gäste an, die eine längere Anfahrt haben. Begrüßt sie und teilt mit ihnen eure Vorfreude auf den nächsten Tag.

O *Papiere und Ringe bereithalten*
Legt Papiere und Ringe schon bereit und auch eure Tasche, die ihr bereits für den großen Tage gepackt habt. Morgen wollt ihr euch entspannt – ohne Suchen und Hetzen – für den Tag fertig machen.

O *Entspannen und ausschlafen*
Auch wenn ihr denkt, ihr könnt kein Auge zumachen, geht nach einer leichten Mahlzeit am Abend nicht zu spät ins Bett. Der nächste Tag wird aufregend, spannend und lang – eure Batterien sollten daher aufgeladen sein. Schlaft gut.

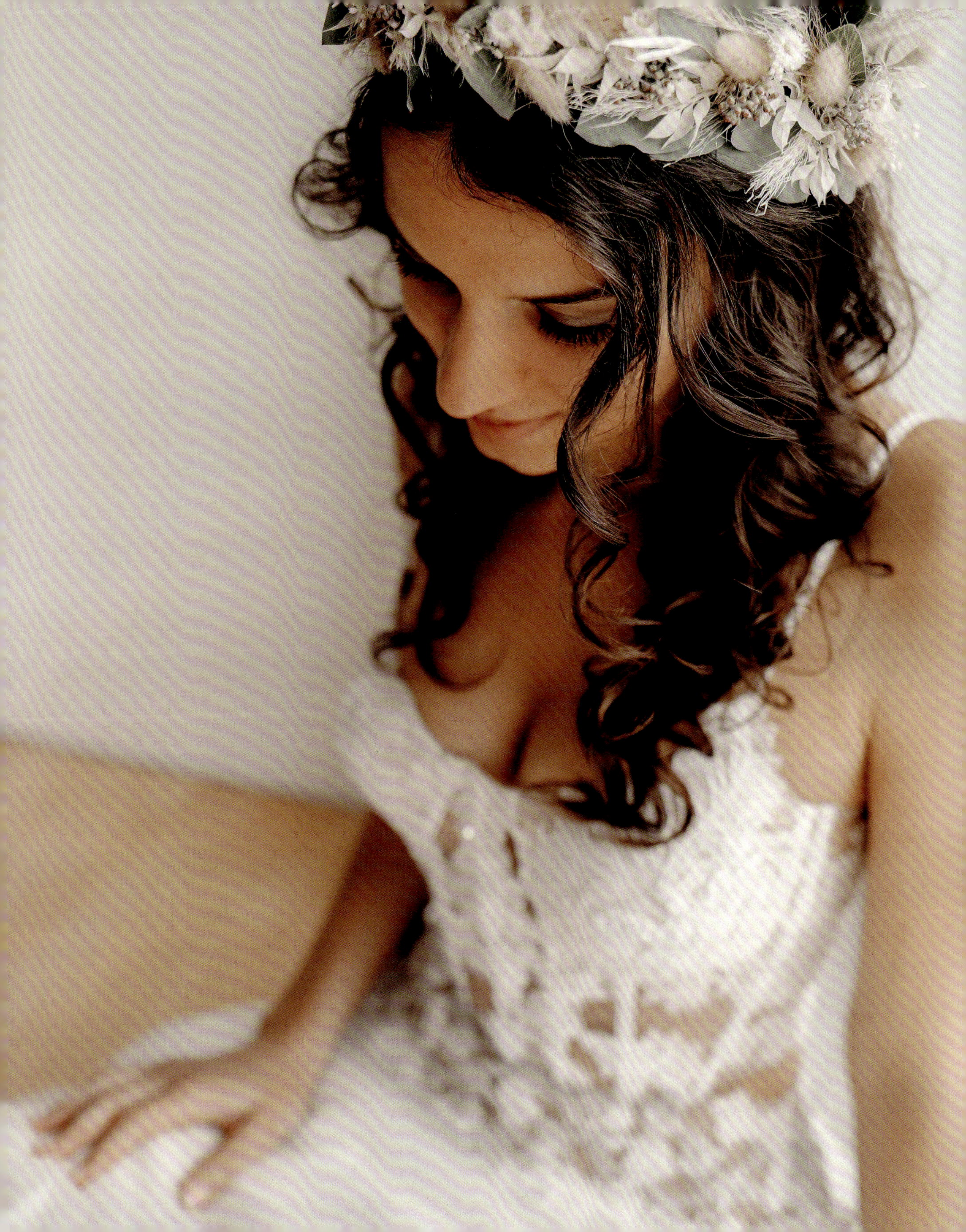

Der große Tag – endlich ist er da

- ○ *Eine Kleinigkeit frühstücken und etwas trinken*

Auch wenn ihr vor Aufregung keinen Bissen runterbekommt, empfiehlt es sich, eine Kleinigkeit zu essen und zu trinken.

- ○ *Friseur und Visagistin besuchen*

Frisur und Styling habt ihr im Braut-Probestyling ja schon festgelegt. Das heißt, du kannst jetzt entspannt die Profis ihre Arbeit machen lassen.

- ○ *Getting ready – Hochzeitskleid und -anzug anziehen*

In der Ruhe liegt die Kraft. Lasst euch hierfür Zeit und nehmt Hilfe von Eltern oder Trauzeug*innen an. Es ist ein besonderer Moment, jetzt ins Hochzeitsoutfit zu schlüpfen. Vergesst in aller Aufregung nicht, diesen ausgiebig zu genießen.

- ○ *Brautstrauß und Ringe nicht vergessen*

Alles sitzt, alles passt – ihr seht traumhaft aus. Dann geht es jetzt los. Brautstrauß und Ringe eingepackt und auf zur Trauung. Ihr habt alles perfekt vorbereitet – dem schönsten Tag im Leben steht nichts mehr im Weg. Ich wünsche euch das größte Glück der Welt.

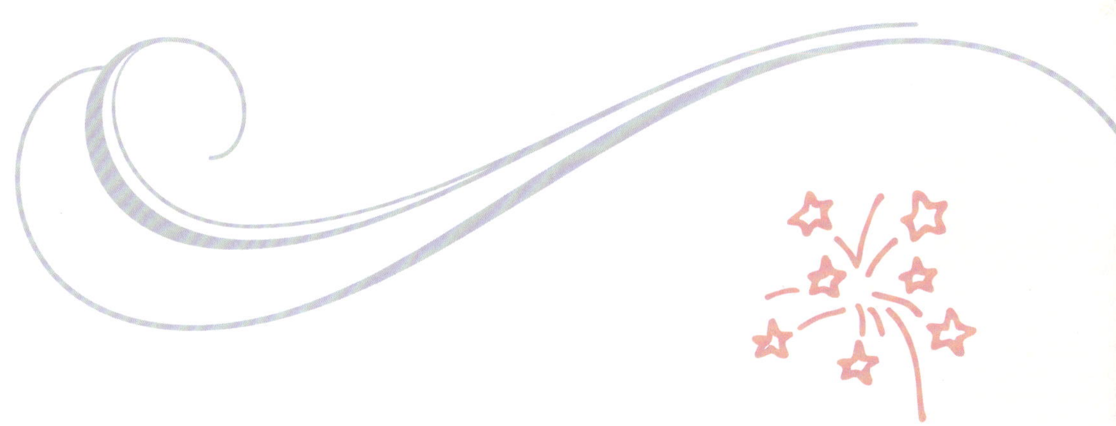

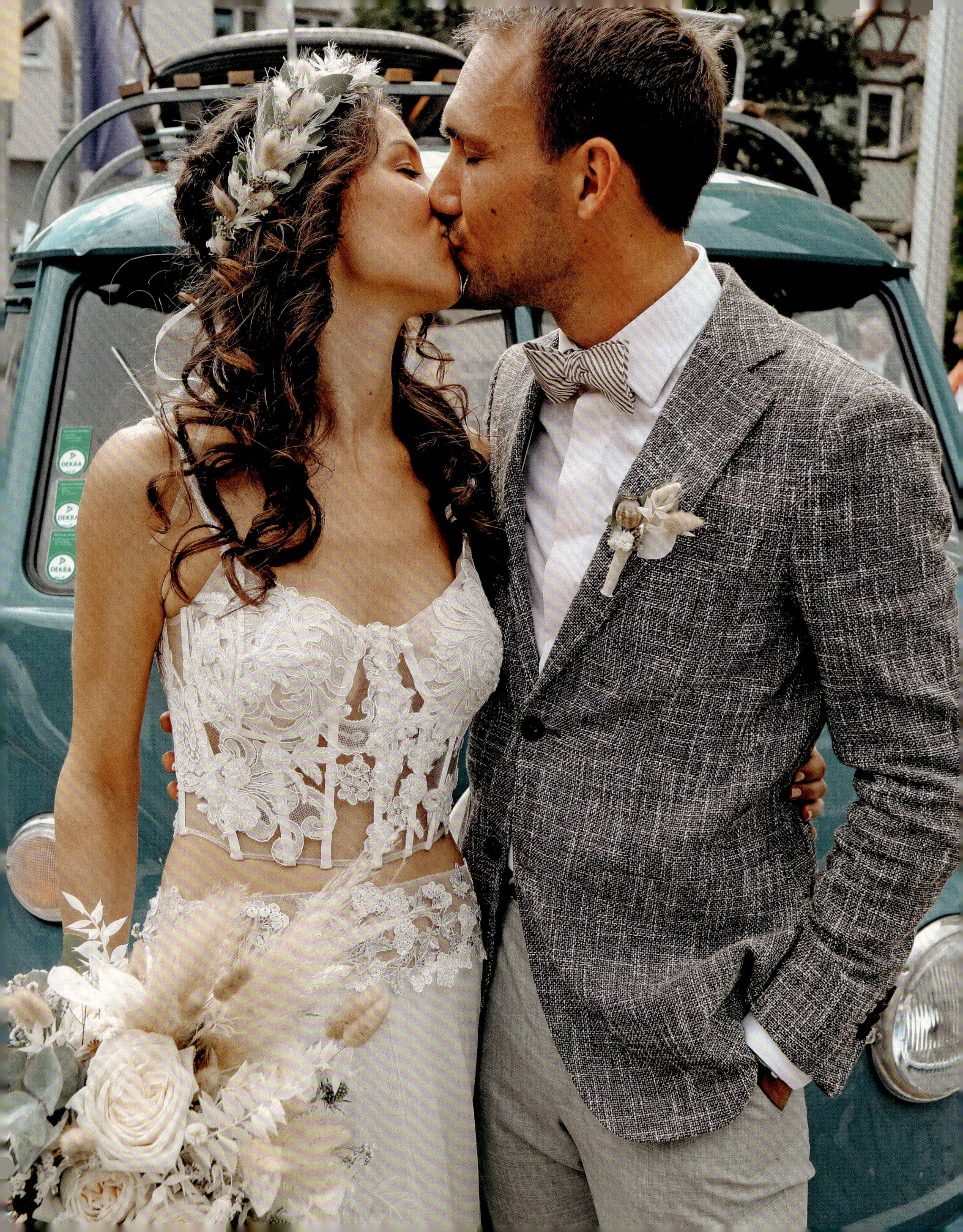
DEKRA
DEKRA
DEKRA

Danach – das Eheleben beginnt

○ *In die Flitterwochen starten und eine wundervolle Zeit genießen*
Ihr habt eure Flitterwochen vor vielen Wochen und Monaten geplant und nach dem ganzen „Hochzeitsstress“ habt ihr euch euren Urlaub mehr als verdient.

○ *Auf die Fotos von Fotografin, vom Fotografen warten*
Noch ein spannender Moment, auch wenn das große Fest bereits vorbei ist: Lasst den Tag mit euren Fotos nochmals Revue passieren und freut euch darüber, dass ihr so ein tolles Brautpaar wart.

○ *Dankeskarten gestalten und versenden*
Wählt euer Lieblingsfoto aus und gestaltet damit eure Dankeskarte. Eure Gäste freuen sich ganz sicher über diesen kleinen Dankesgruß – sie haben alle euren Hochzeitstag zum Traumtag werden lassen. Lasst sie das wissen. Auch eine hübsche Dankeskarte findet ihr als Projekt in diesem Buch (S. 32).

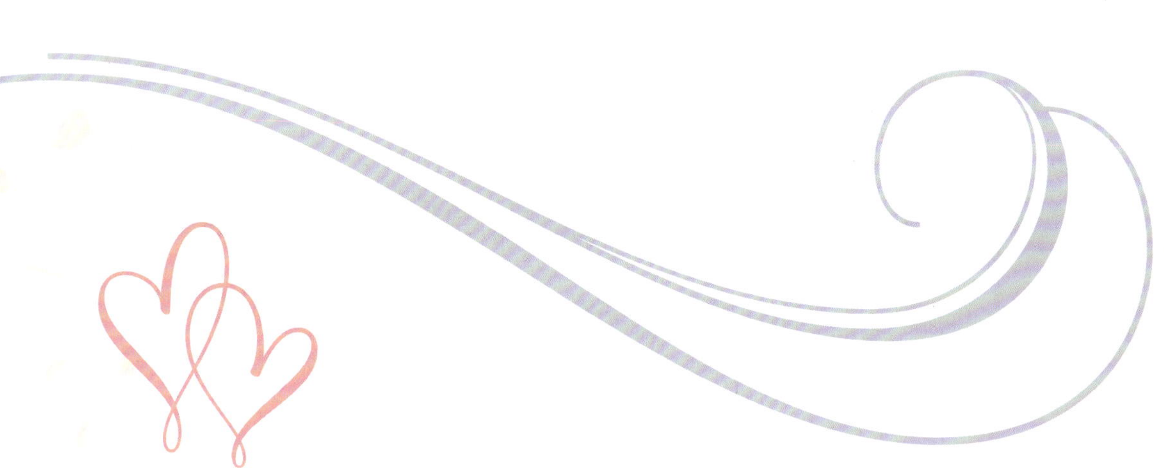

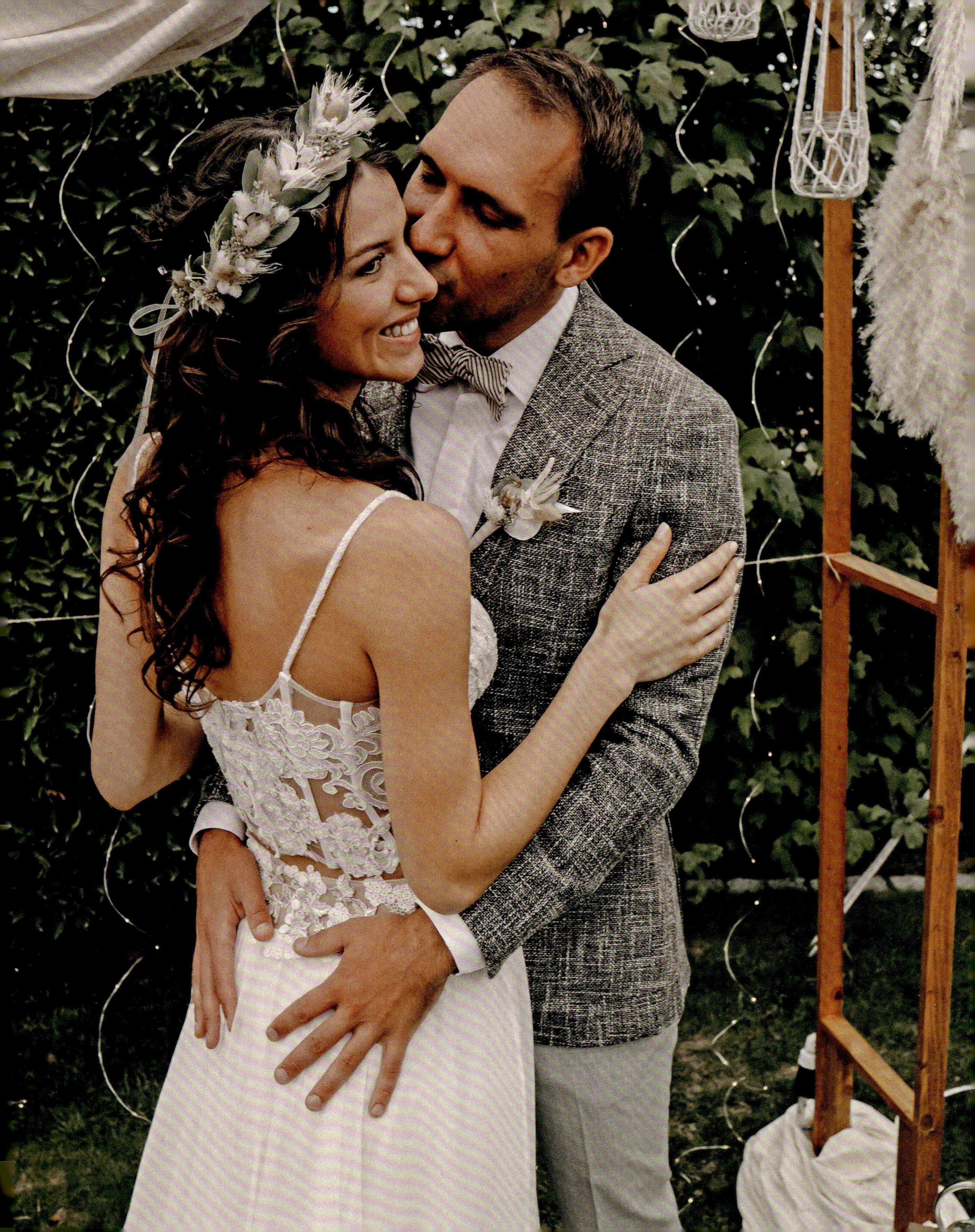

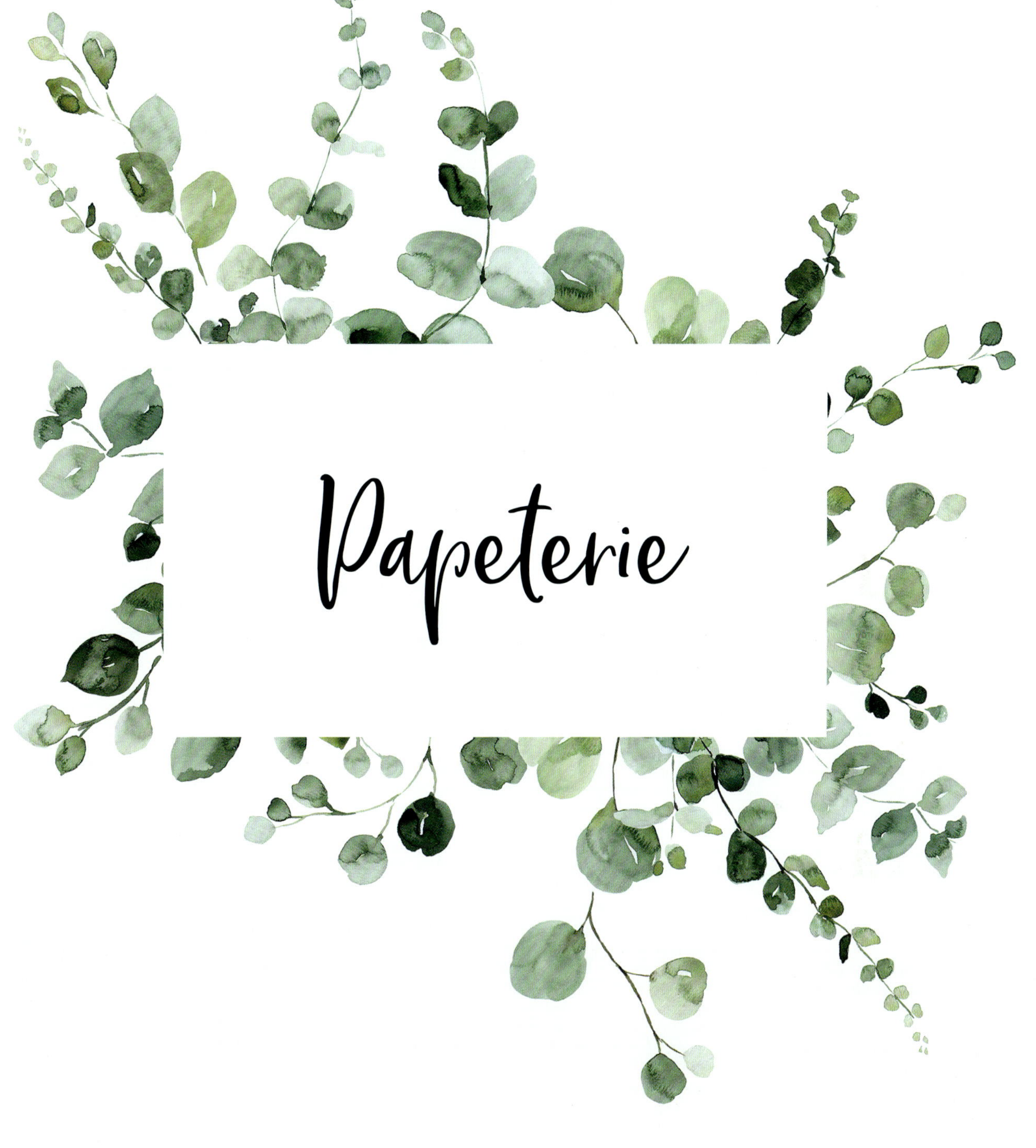

Papeterie

Save the Date

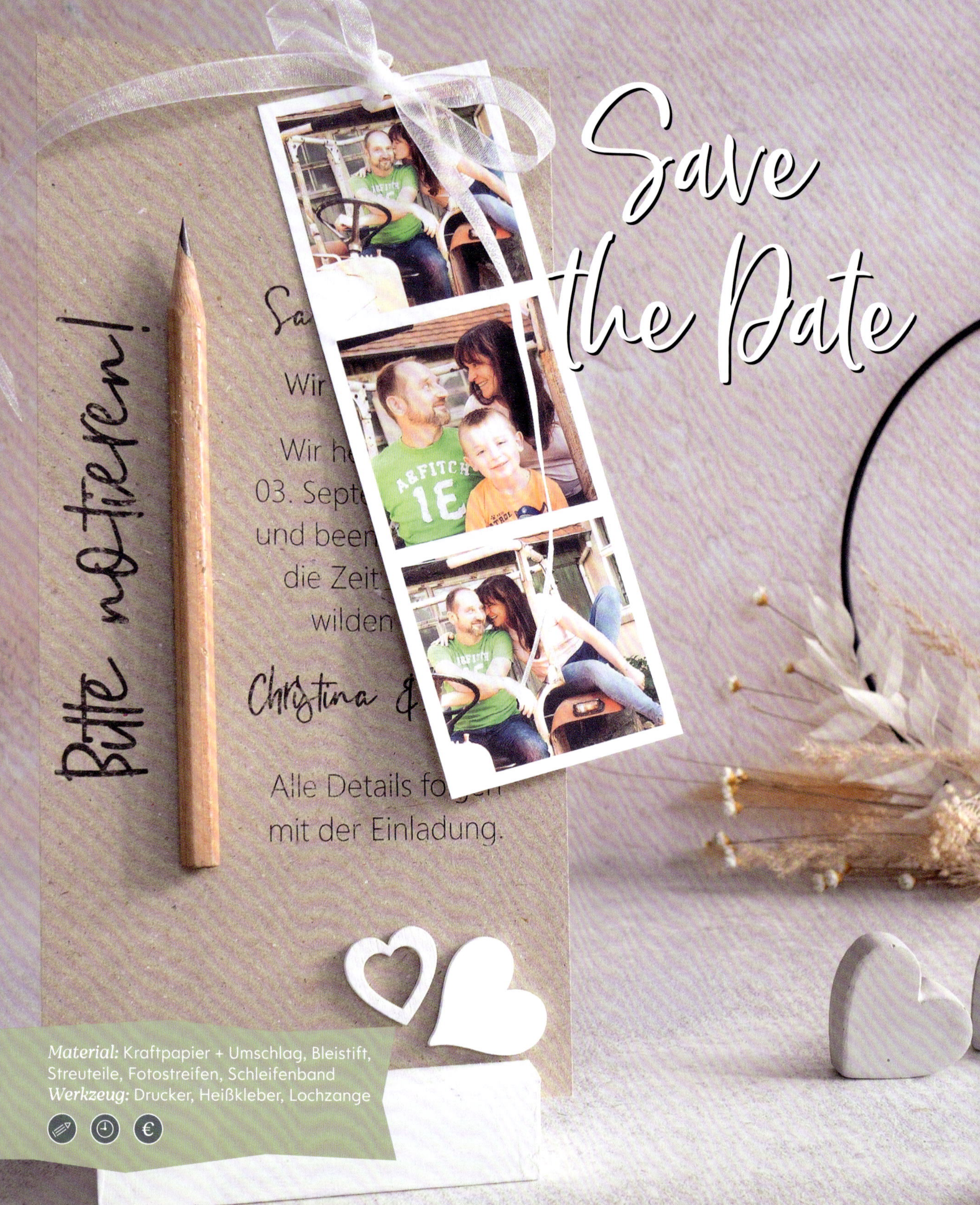

Material: Kraftpapier + Umschlag, Bleistift, Streuteile, Fotostreifen, Schleifenband
Werkzeug: Drucker, Heißkleber, Lochzange

Jetzt ist es ganz sicher – ihr seid euch ganz sicher: Ihr wollt den Rest eures Lebens gemeinsam verbringen. Bei einer wunderschönen Trauung und einem rauschenden Fest wollt ihr diese Entscheidung feiern – alle eure Freundinnen und Freunde, Verwandten und Bekannten sollen Zeugen dieses Ereignisses werden. Dann verschickt am besten gleich eine Save-the-Date-Karte an alle, die sich euren Hochzeitstermin schon heute in den Kalender schreiben sollen.

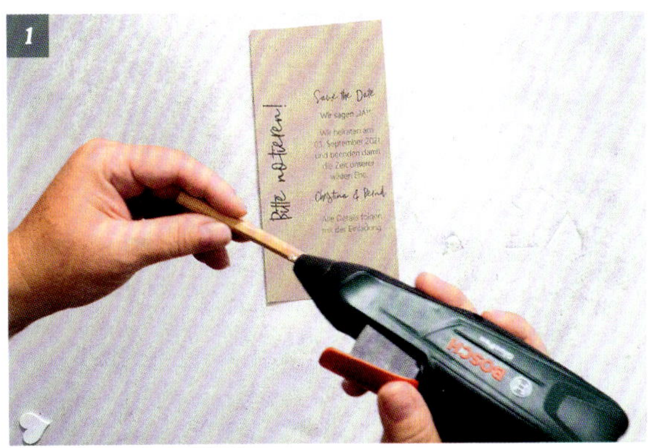

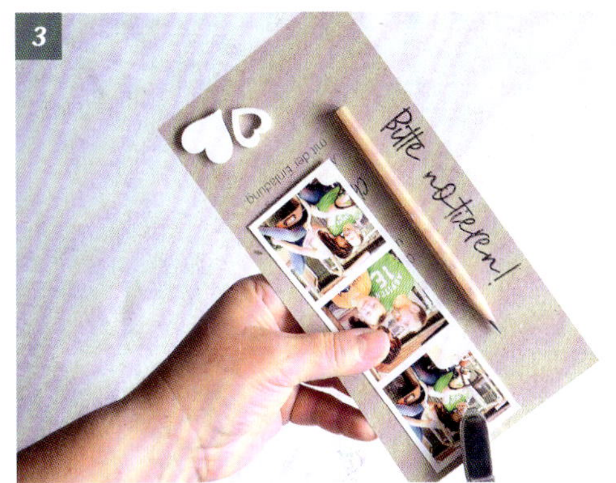

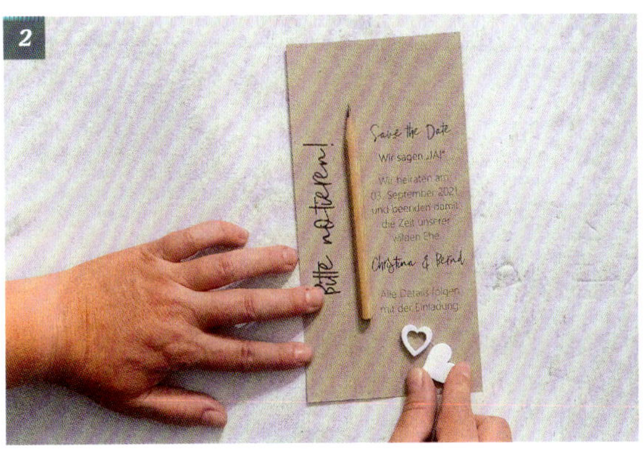

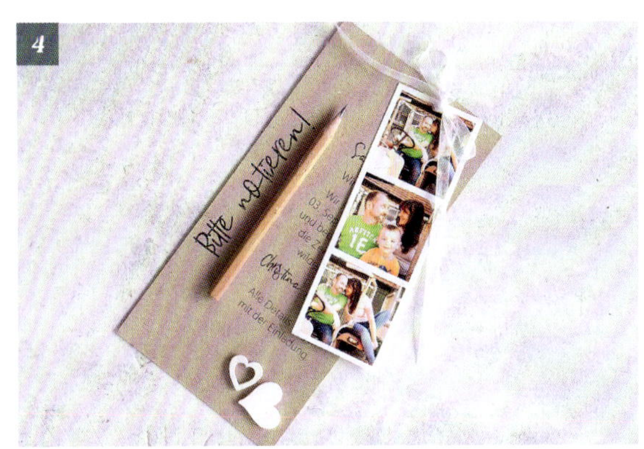

1. Drucke den Text für deine Save-the-Date-Karte auf Kraftpapier aus und schneide es in ein DIN-lang-Format. Der Schriftzug „Bitte notieren!“ sollte vertikal am Rand stehen. Klebe mit Heißkleber einen Bleistift neben diese Aufforderung.

2. Kleine Holzherzen oder andere Streuteile klebst du ebenfalls mit Heißkleber fest.

3. Lege Fotos von euch – ob einzeln oder wie hier als Miniprints – und Karte übereinander und stanze mit der Lochzange ein Loch in den oberen Rand.

4. Du fädelst nun dein Schleifen- oder Satinband durch beide Löcher und bindest ein hübsches Schleifchen. Jetzt kann die Karte in den Umschlag, um die freudige Botschaft zu überbringen.

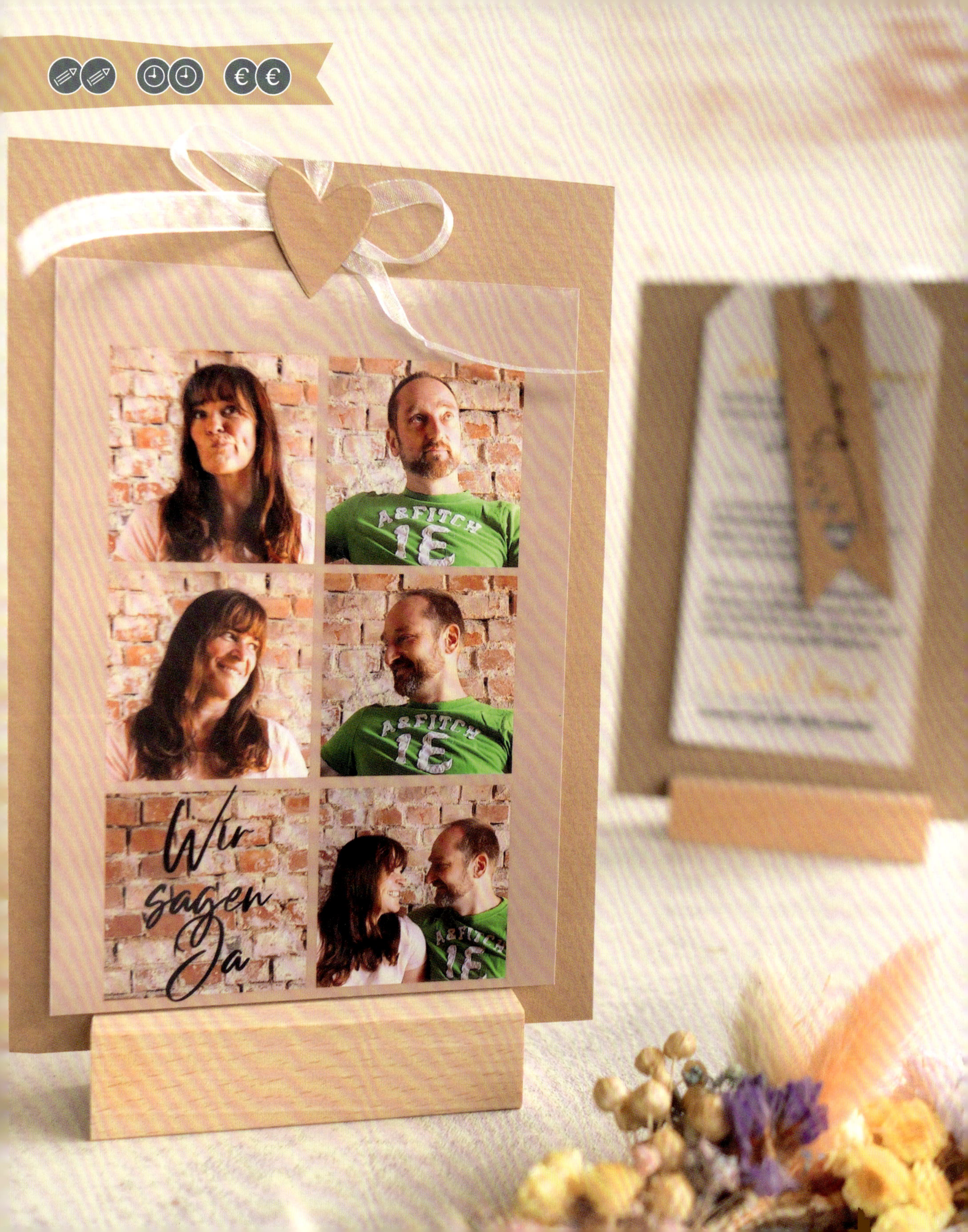
Wir sagen Ja
A&FITCH 16

Einladung

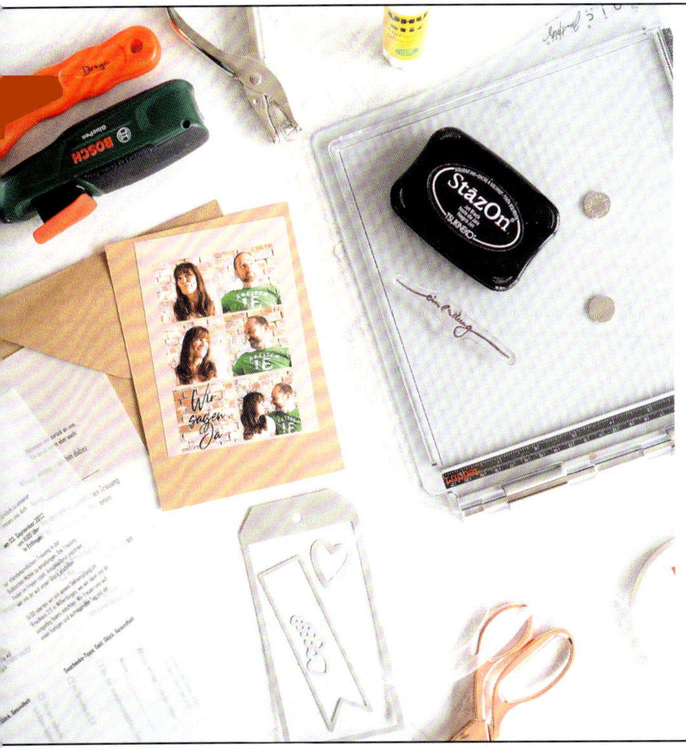

Material

- ✓ Transparentpapier für Einladungstext
- ✓ Stempel, z.B. „Einladung"
- ✓ Kraftpapier + Umschlag
- ✓ Foto
- ✓ Streuteile
- ✓ Schleifenband

Werkzeug

- ✓ Drucker
- ✓ Schere oder Stanzschablonen
- ✓ Perforationsmesser bei Bedarf
- ✓ Stempelkissen und Stempelhilfe bei Bedarf
- ✓ Lochzange
- ✓ Heißkleber

Mit eurer Save-the-Date-Karte habt ihr euch den Termin bei eurer Familie und euren Freunden schon mal reserviert. Nun ist es an der Zeit, in eurer Einladung mehr Details zu eurer Hochzeit zu verraten. Wo? Wann? Was? Das alles hat in der Einladung Platz. Und vergesst nicht, um Antwort zu bitten. Das macht eure Planungen leichter.

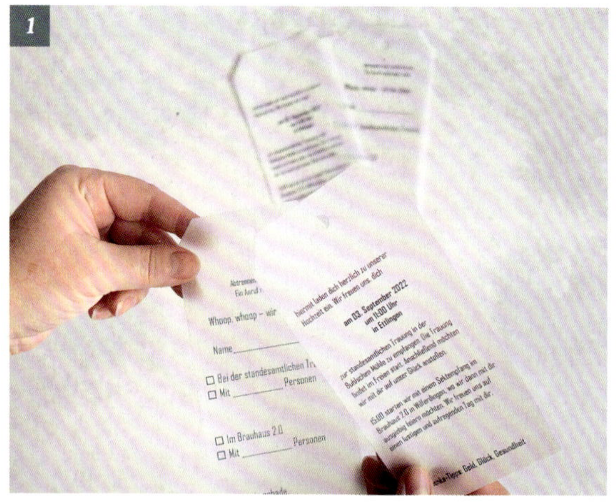

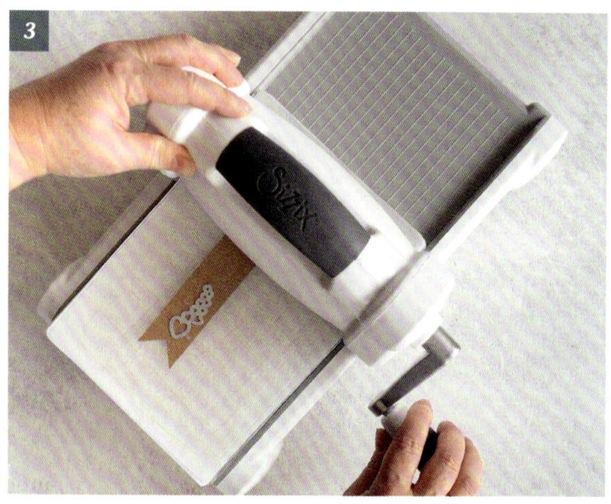

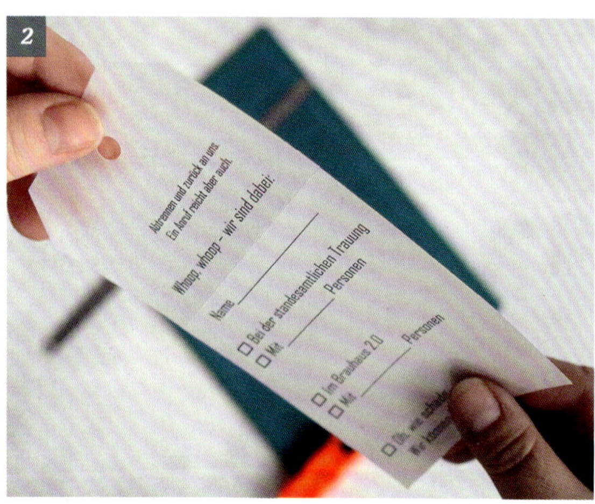

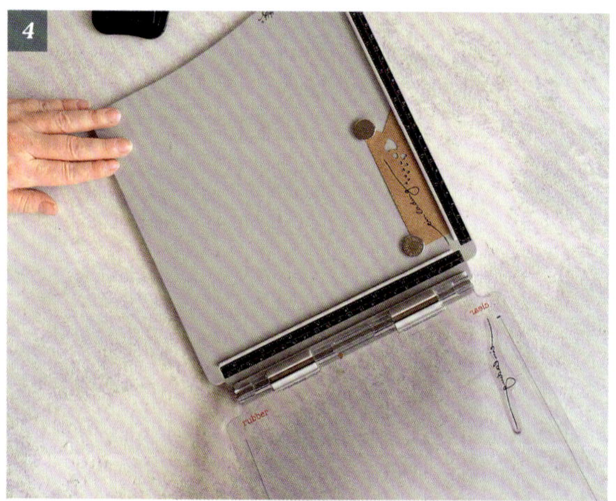

1. Drucke den Text für deine Einladung und die Rückmeldung der Gäste auf Transparentpapier aus. Achte bei deiner Gestaltung bereits darauf, dass du die Texte jeweils in Anhängerform ausschneiden möchtest. Schneide oder stanze deine Einladung dann in Anhängerform. Lege beide Transparentanhänger übereinander und stanze zum Schluss mit der Lochzange ein Loch ins obere Ende. Bei dieser Einladung sind auf dem oberen Anhänger der Einladungstext und die Details zu Programm und Location notiert. Auf einem weiteren Anhänger darunter können die Gäste ausfüllen, ob und mit wie vielen Personen sie an der Hochzeit teilnehmen.

2. Den Abschnitt für die Rückmeldung kannst du mit einem Perforationsmesser zum Abreißen vorbereiten. Eure Gäste können diesen Abschnitt dann ausfüllen, abreißen und an euch zurückgeben. Abfotografieren und per WhatsApp versenden oder ein einfacher Anruf genügen natürlich auch.

3. Aus dem Kraftpapier gestaltest du nun einen kleinen Anhänger für den Einladungsschriftzug. Du musst dir nur für

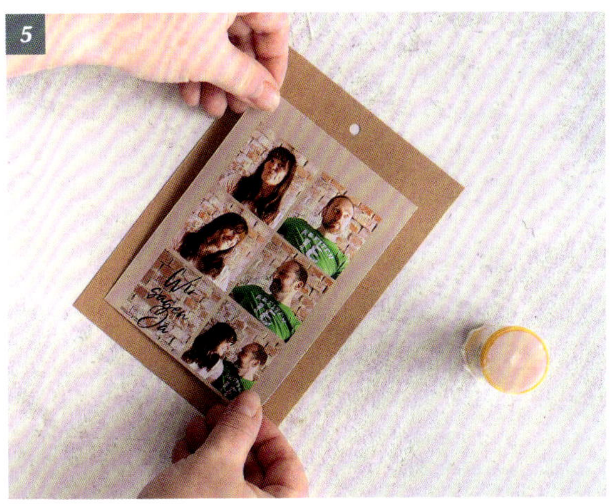

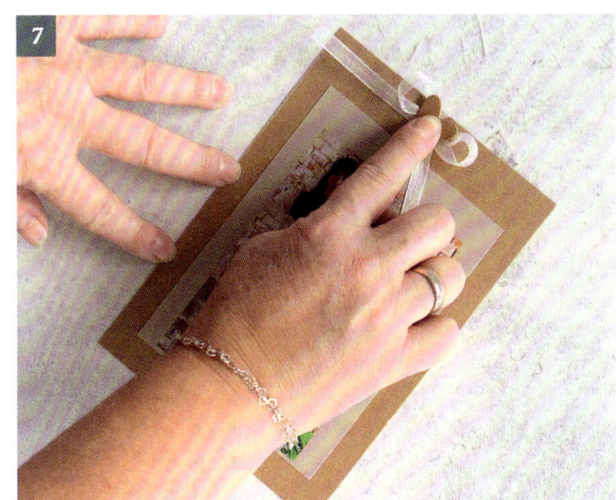

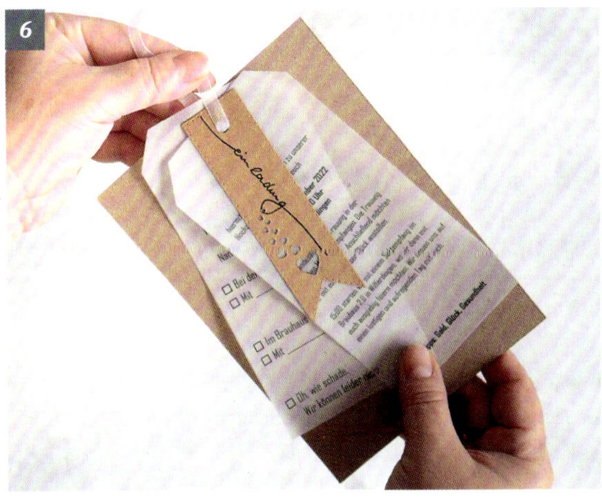

diesen einen Anlass nicht unbedingt eine Stanzmaschine zulegen. Falls du eine besitzt, kannst du die Anhänger allerdings selbst ausstanzen und kleine Motive einstanzen. Eine große Auswahl an fertigen Anhängern gibt es im Internet.

4. Auf den fertigen Kraftpapieranhänger stempelst du den Schriftzug „Einladung“ auf. Wenn du mehrere Exemplare erstellst, empfiehlt sich eine Stempelhilfe. Sie gewährleistet, dass der Stempelabdruck immer auf dieselbe Stelle der Anhänger gestempelt wird.

5. Entweder hast du bereits zu den Umschlägen passende Kraftpapierkarten oder du schneidest dir nun welche aus dem Kraftpapier zurecht. Mit der Lochzange stanzt du ein Loch ins obere Ende jeder Karte. Klebe nun das Foto auf die Einladung. Sei bei der Auswahl oder dem Shooting kreativ. Heiraten darf Spaß machen.

6. Jetzt fädelst du durch alle Teile Schleifenband und bindest die Transparentanhänger mit der Fotokarte und dem Einladungsanhänger zusammen. Fehlen nur noch die Anrede und eure Unterschrift. Diese Details handschriftlich einzutragen, gibt eurer Einladung einen persönlichen Touch.

7. Auf das Schleifchen vorn kannst du dann noch ein Streuteileherz kleben. Verspielt und kreativ – deine Einladung kann zur Post, sobald du die entsprechenden Umschläge mit den Adressen versehen hast.

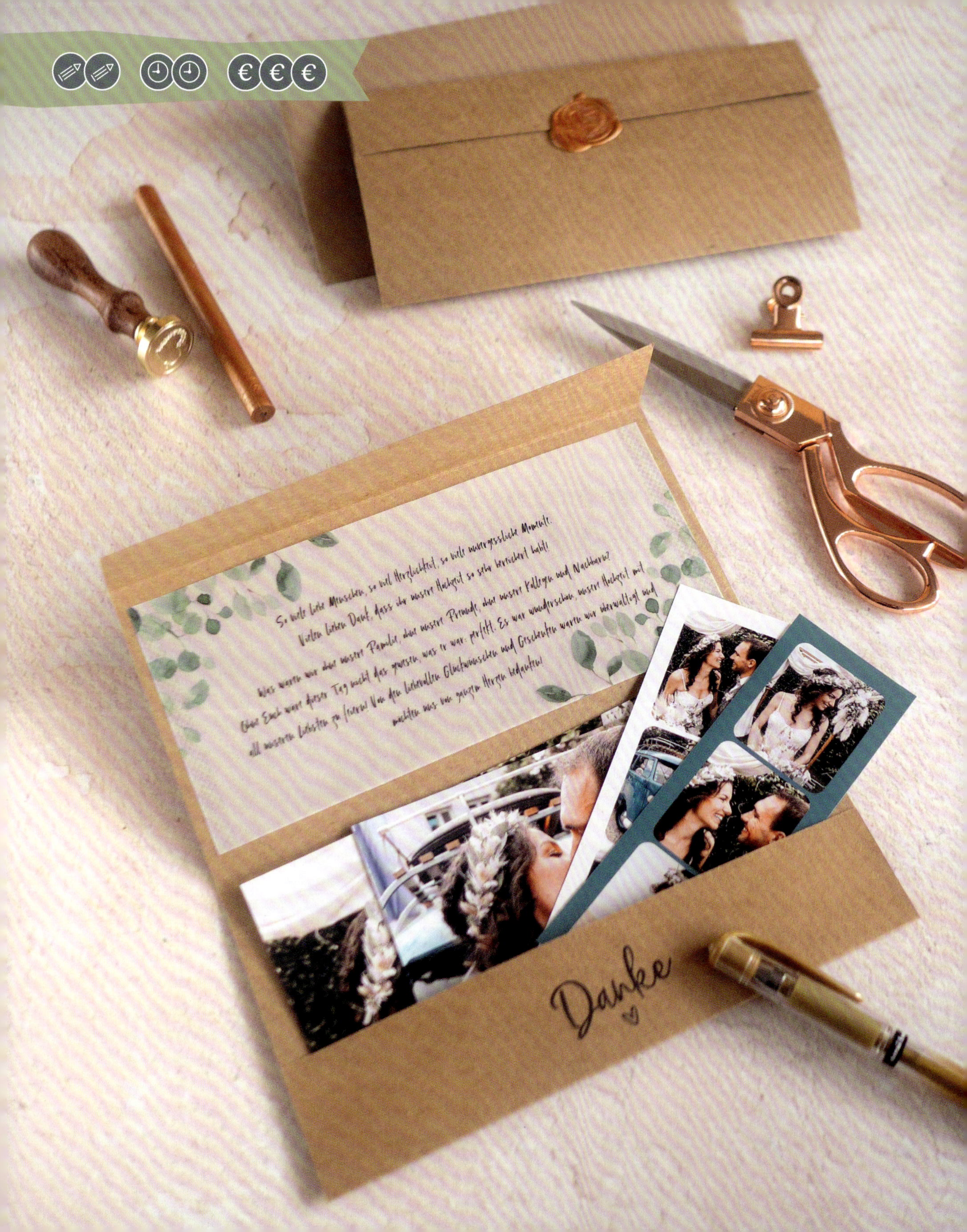
€€€
So viele liebe Menschen, so viel Herzlichkeit, so viele unvergessliche Momente.
Vielen lieben Dank, dass ihr unsere Hochzeit so sehr bereichert habt!
Was wären wir ohne unsere Familie, ohne unsere Freunde, ohne unsere Kollegen und Nachbarn?
Ohne Euch wäre dieser Tag nicht das gewesen, was er war: perfekt. Es war wunderschön, unsere Hochzeit mit
all unseren Liebsten zu feiern! Von den liebevollen Glückwünschen und Geschenken waren wir überwältigt und
möchten uns von ganzem Herzen bedanken!
Danke

Dankeskarte

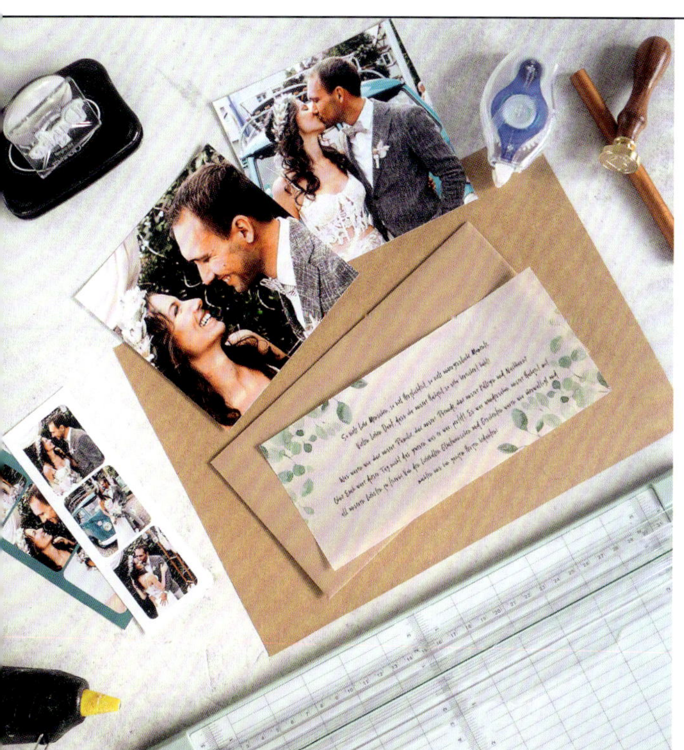

Material

- ✓ Kraftpapier + Umschlag
- ✓ Transparentpapier
- ✓ Fotos

Werkzeug

- ✓ Drucker
- ✓ Papierschneider mit Schneide- und Falzklinge
- ✓ Kleberoller
- ✓ Stempel und Stempelkissen
- ✓ Siegelwachs und Siegel
- ✓ Heißklebepistole

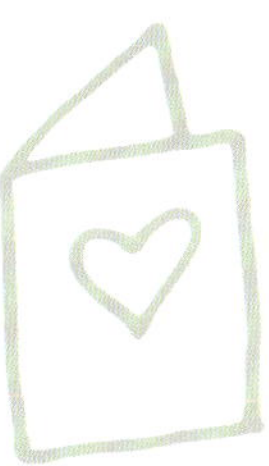

Euer wunderbarer Hochzeitstag ist nun schon vorbei. Es bleiben euch traumhafte Erinnerungen an ein rauschendes Fest der Liebe. Doch wer hat euren Tag zu dem gemacht, was er war? Eure Gäste. Zeit, sich dafür zu bedanken. Ein paar hübsche Fotos machen auch bei Familie, Freundinnen und Freunden und Bekannten euren Tag unvergessen.

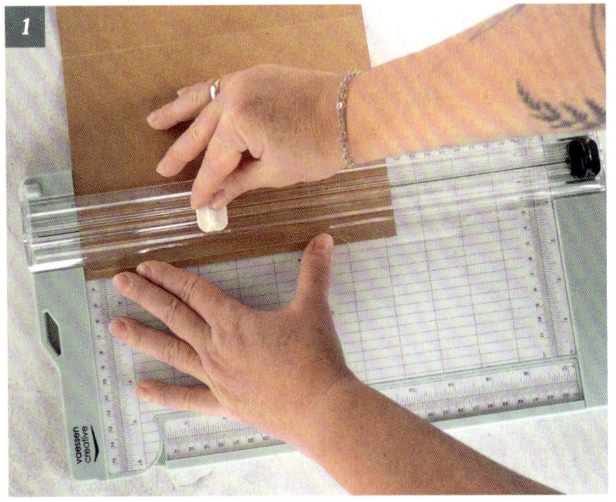

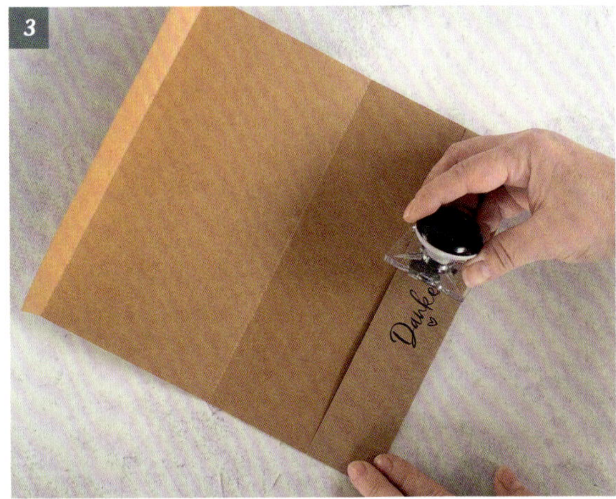

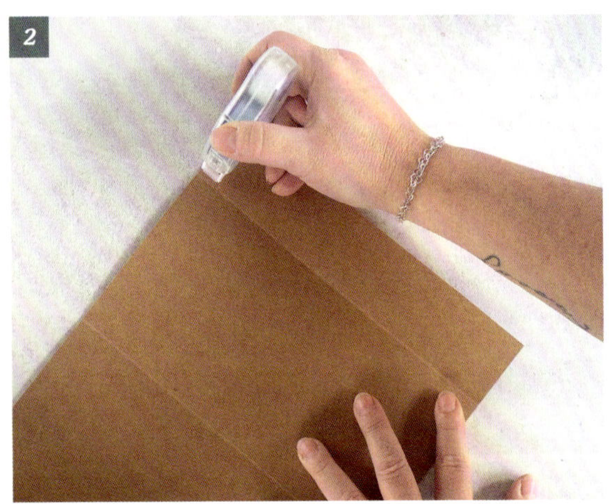

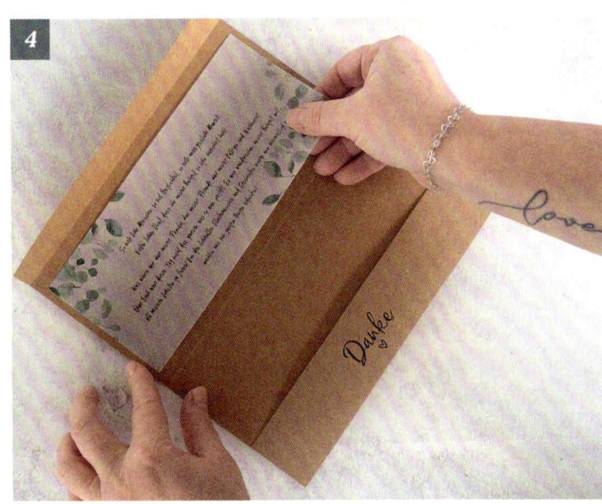

1. Auf einem DIN-A4-Kraftpapier bringst du mit der Falzklinge deines Papierschneiders drei Falze an. Setze die Falze bei 4,3 cm, 15 cm und 25,9 cm. Danach faltest du das Kraftpapier an den Falzstellen nach innen.

2. Schlage den 4,3 cm Abschnitt ein und klebe ihn mit dem Kleberoller fest. So entsteht eine kleine Tasche, in die du später deine Fotos stecken kannst.

3. Stempele auf diese kleine Tasche deinen Dankesgruß.

4. Deinen Dankestext gestaltest du in DIN-lang-Format an deinem Rechner und druckst ihn auf Transparentpapier aus. Mit dem Kleberoller bringst du rechts und links Kleber auf und klebst deinen Text auf den gefalteten Abschnitt oberhalb deiner Fototasche.

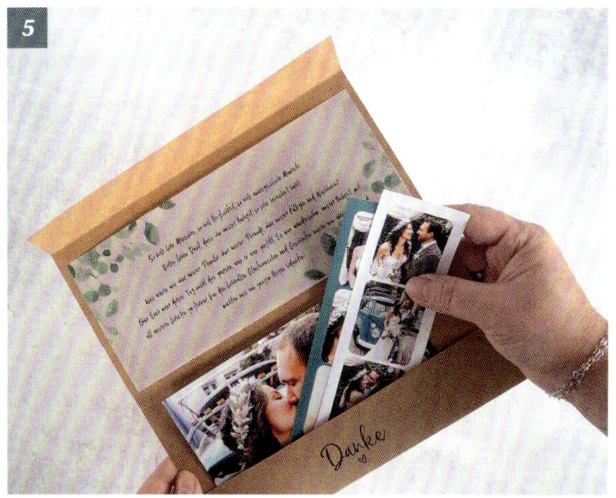

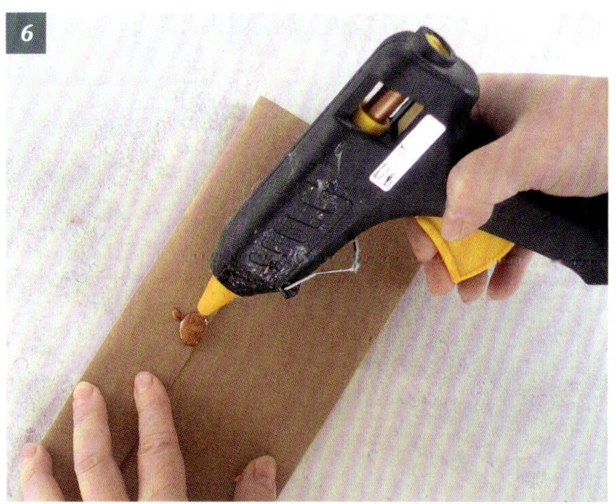

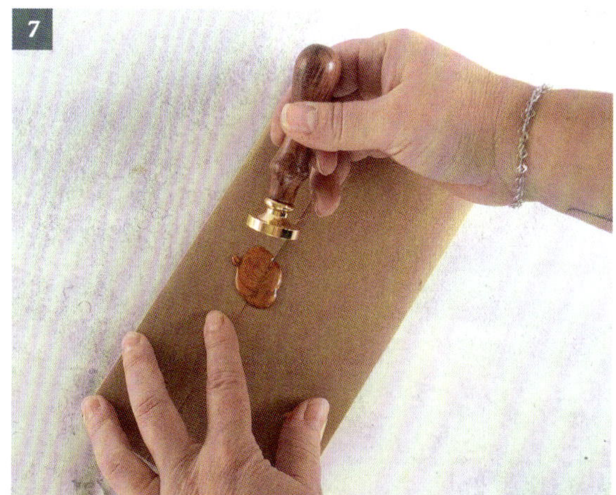

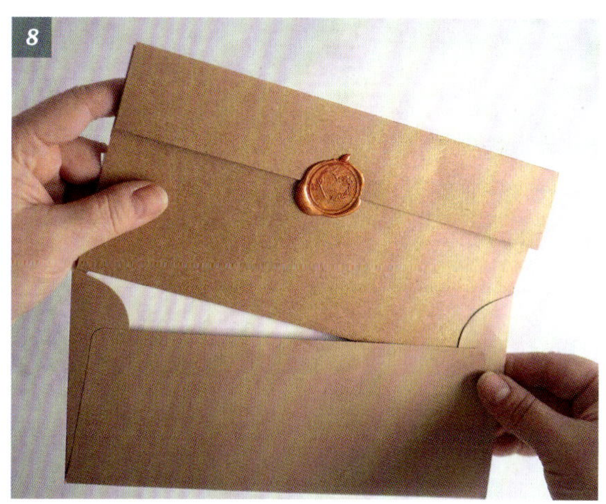

5. Hochzeitsbilder, Fotostreifen oder personalisierte Botschaften steckst du nun in die Tasche.

6. Klappe deinen Umschlag zusammen. Um die obere Lasche zu fixieren, bringst du auf Lasche und Umschlag mit einer Heißklebepistole Siegelwachs auf.

7. Drücke dein Siegel in die noch zähflüssige Masse und lass das Wachs einige Sekunden auskühlen, bevor du dein Siegel entfernst.

8. Jetzt ist deine hübsche Post – liebevoll versiegelt – bereit für den Versand. Nur noch in den Umschlag, Adressen vermerken und ab zur Post damit.

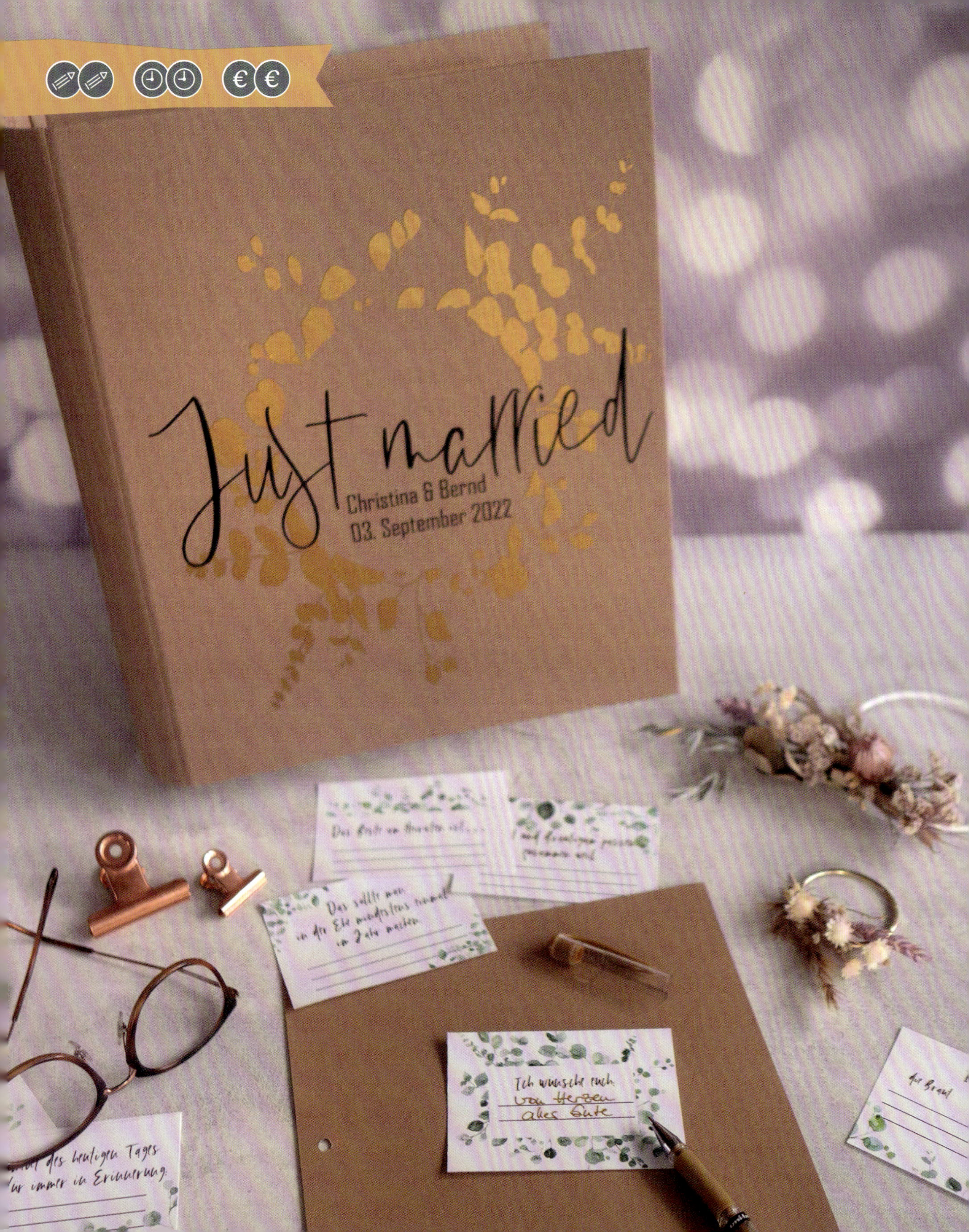
Just married
Christina & Bernd
03. September 2022
Das sollte man in der Ehe mindestens einmal im Jahr machen
Ich wünsche euch von Herzen alles Gute

Gästebuch

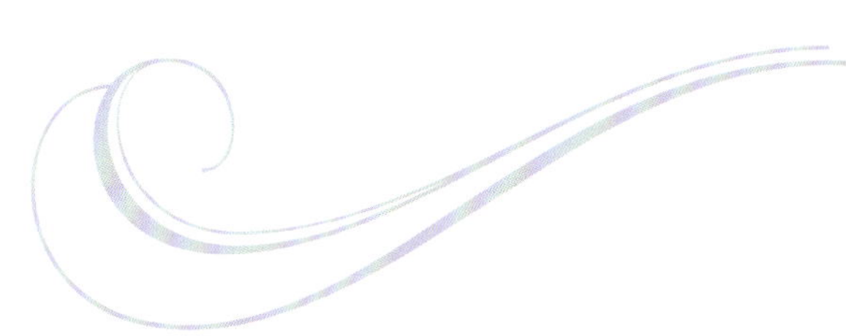

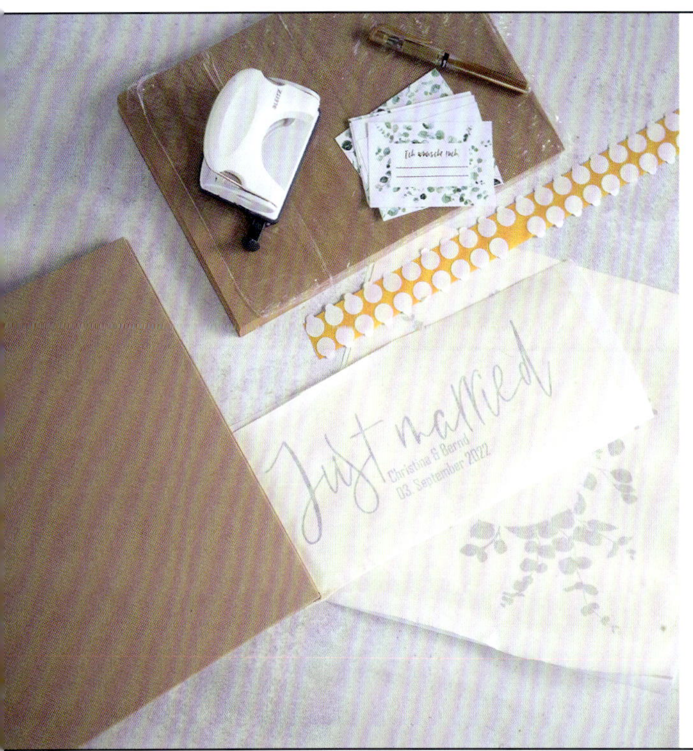

Material

- ✓ Ringbuch (Kraftpapier DIN A4)
- ✓ DIN-A4-Kraftpapier
- ✓ Vinylmotive:
  → hier Eukalyptuskranz aus Vinylfolie in Gold
  → Namen und Datum aus Vinylfolie in Schwarz
  (Motive und Texte aus Vinylfolie kannst du fertig kaufen oder mit einem Schneideplotter selbst herstellen)
- ✓ Hochzeitskärtchen zum Ausfüllen
- ✓ Klebepunkte

Werkzeug

- ✓ Locher

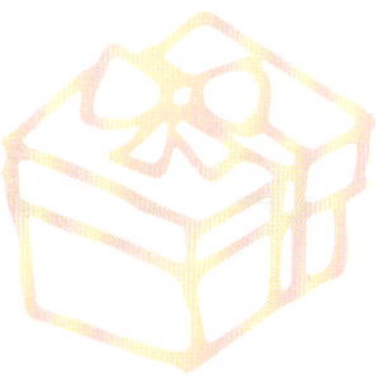

So schnell ist ein lang vorbereiteter und heiß ersehnter Tag zu Ende. Wie im Flug ziehen die Ereignisse an einem vorbei. Am liebsten möchte man die Zeit anhalten, um alles zu begreifen und zu genießen. Umso wichtiger sind Erinnerungen an euren schönsten Tag im Leben. Wie dieses Gästebuch. Legt es an eurer Hochzeit aus und bittet eure Gäste, ein paar Worte zu hinterlassen. Wenn ihr eine Fotobox aufstellt, können eure Gäste auch ihre Fotos von eurem Tag einkleben.

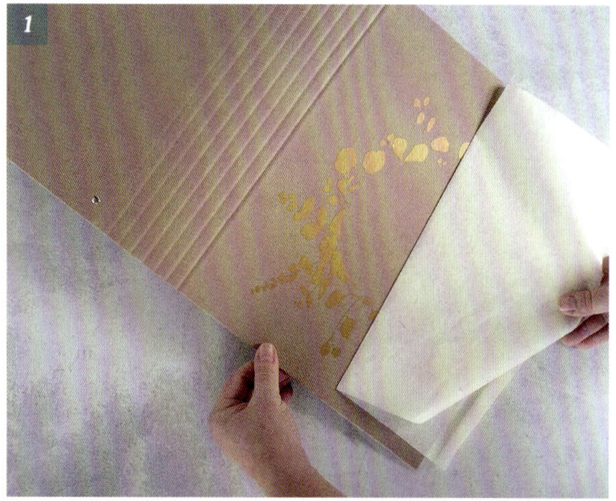

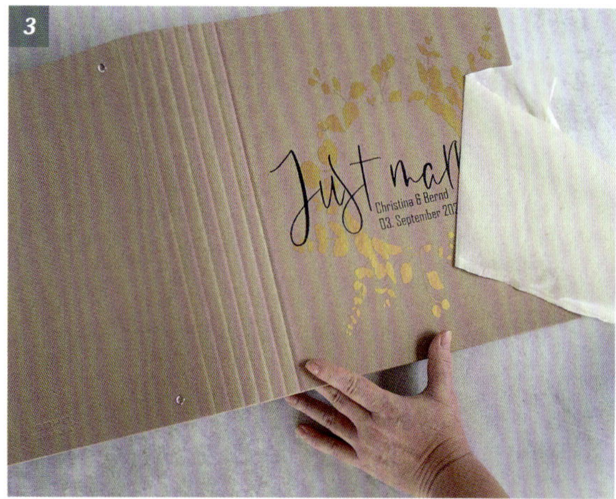

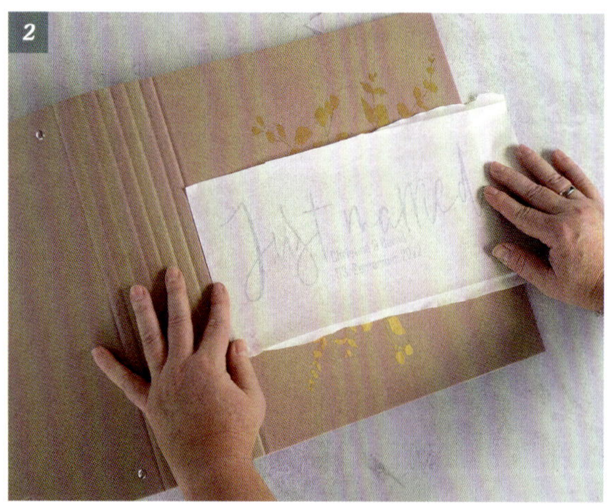

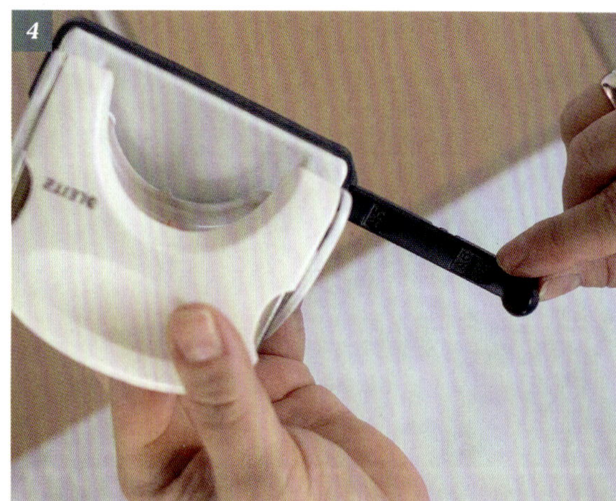

1. Die Vorderseite deines Ringbuches gestaltest du nach deinen Wünschen. Ich habe hier ein Vinylmotiv übertragen. Dieses habe ich vorher auf einem Hobbyplotter geplottet. Es funktionieren natürlich auch Wandtattoos, die es im Internet zu kaufen gibt.

2. Per Vinylmotiv überträgst du eure Namen und Daten auf das Cover.

3. Wenn du keinen eigenen Plotter hast, um individuelle Motive zu erstellen, kannst du dein Cover auch mit Handlettering gestalten. Ein Foto von euch beiden, Schleifen- oder Spitzenbänder oder Hochzeitsstreuteile sehen ebenfalls hübsch aus.

4. Fülle deinen Ringordner mit Kraftpapierblättern. Bei einem Ringbuch mit vier Ringen benötigen deine Blätter natürlich auch vier Löcher. Stelle deinen Locher dafür auf 888 und loche das Papier von beiden Seiten.

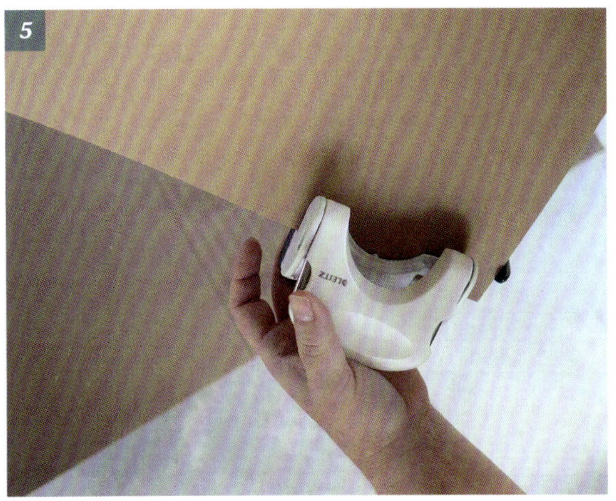

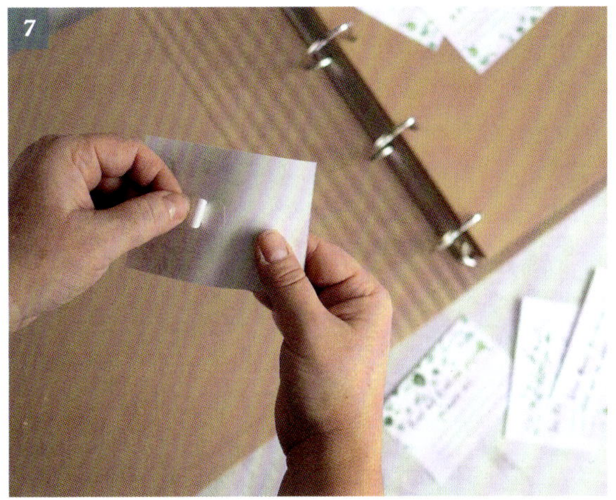

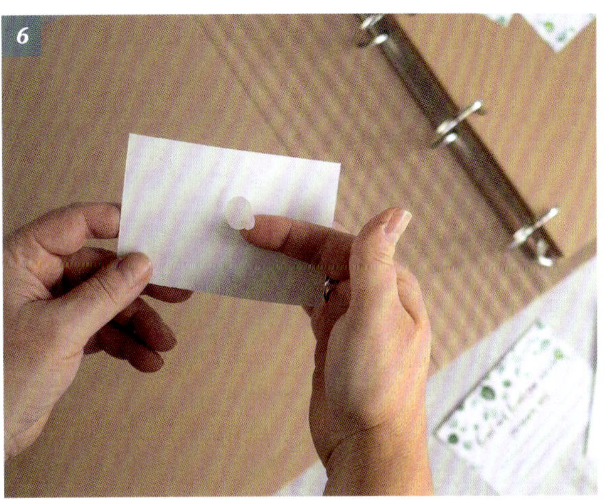

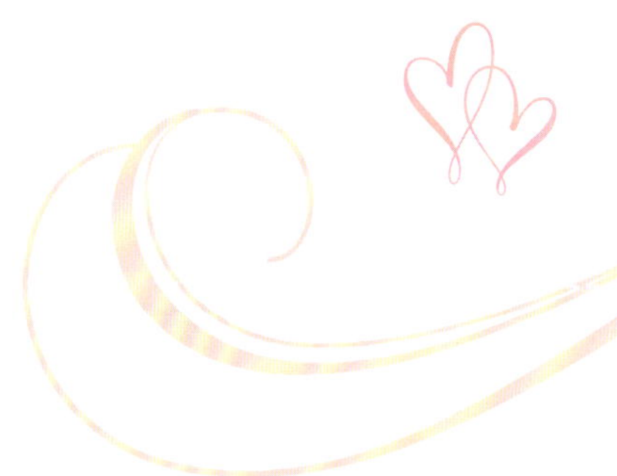

5. Loche dein Blatt auf der einen Seite, drehe es und loche es auf der anderen Seite. Schon hat dein Blatt vier Löcher und du kannst es in dein Ringbuch einheften.

6. Um deinen Gästen die Gestaltung Ihres Gästebucheintrags so einfach wie möglich zu machen, gib ihnen mit kleinen Kärtchen Dinge vor, die sie eintragen können, z.B. „Die Braut in drei Worten“ oder „Wir wünschen dem Hochzeitspaar“. Auf der Rückseite der Kärtchen bringst du kleine Klebepunkte an.

7. Eure Gäste müssen nach dem Ausfüllen der Karte nur noch die Schutzschicht des Klebepunktes abziehen und das Kärtchen in das Buch kleben. Macht eure Gäste während der Hochzeit immer wieder darauf aufmerksam, sich ins Gästebuch einzutragen. Sie können Fotos aus einer aufgestellten Fotobox, die ausgefüllten Kärtchen und persönliche Widmungen, Wünsche und Grüße im Gästebuch hinterlassen. Für euch ist dies eine bleibende Erinnerung an einen wundervollen Tag mit euren Liebsten.

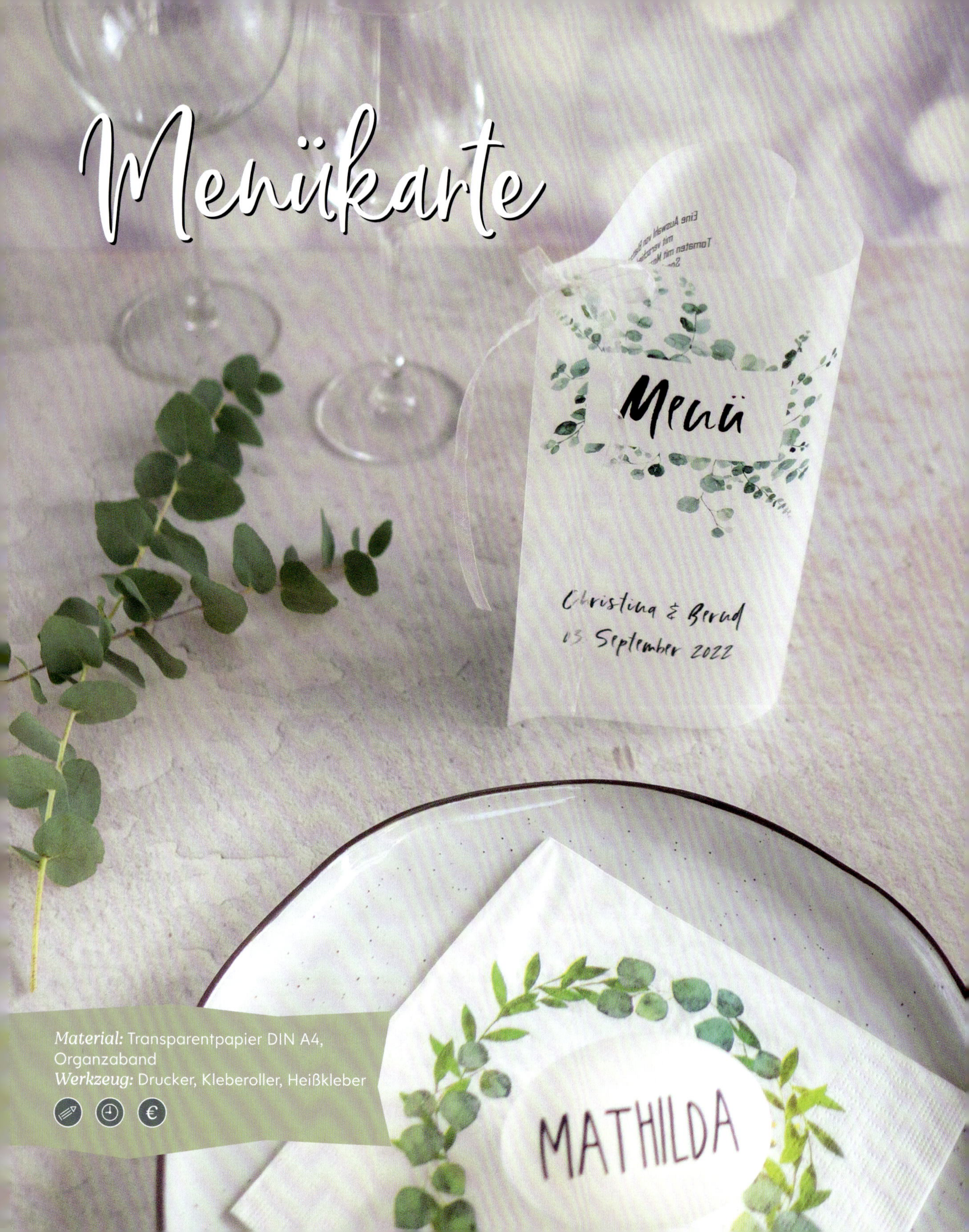

Menükarte

Material: Transparentpapier DIN A4, Organzaband
Werkzeug: Drucker, Kleberoller, Heißkleber

Mit viel Liebe habt ihr für euren besonderen Tag ein Menü oder Buffet ausgewählt. Eure Gäste sollen sich auch kulinarisch an ihn erinnern. Damit sie wissen, welche Gaumenfreuden sie erwarten, stellt das Buffet oder Menü auf kleinen Kärtchen zusammen. Liebe geht durch den Magen – das unterstreicht diese Menükarte in Herzform.

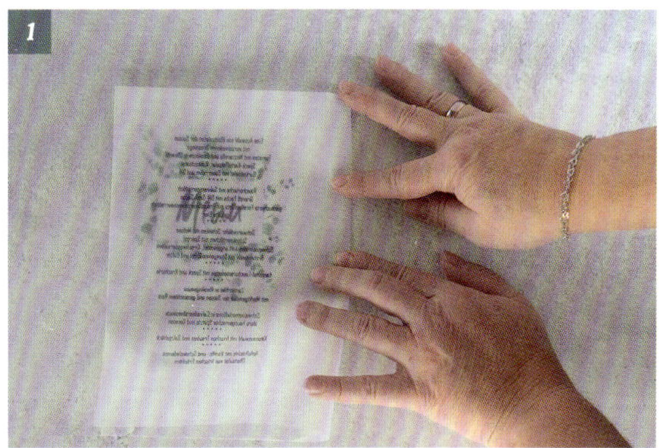

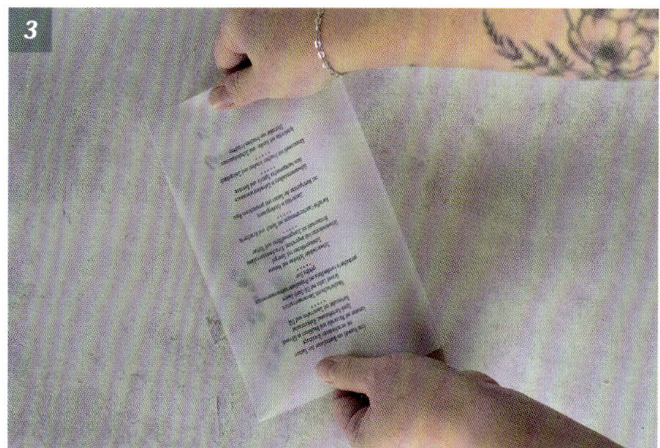

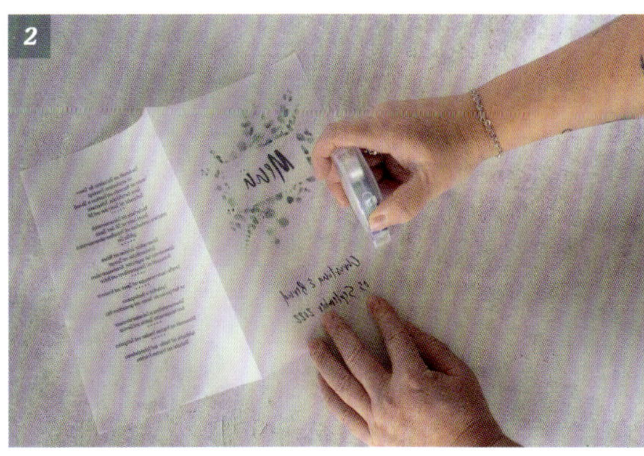

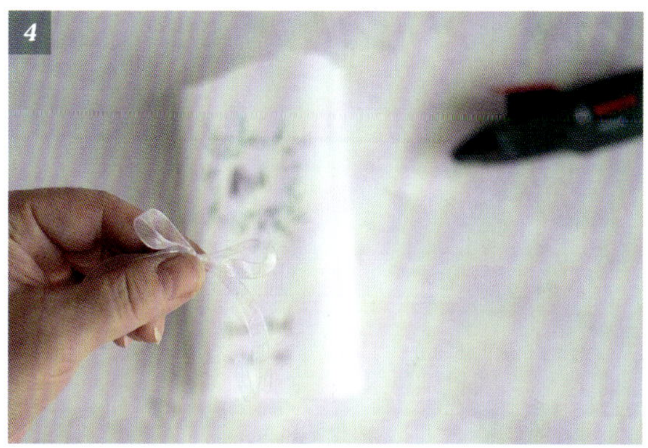

1. Richte das Papier bei der Gestaltung der Menükarte am Computer im Querformat aus. Auf der linken Seite gestaltest du eine Art Deckblatt, auf der rechten Seite präsentierst du das Menü oder die Buffetauswahl. Wenn du willst, kannst du auch die ausgewählten Weine mit aufführen. Drucke euer Menü oder die Buffetauswahl mit dem Deckblatt auf Transparentpapier aus. Falte das DIN-A4-Papier dann so, dass die Motive aufeinanderliegen.
2. Falte das Papier dann wieder auseinander. Bringe auf der Rückseite an einer der kurzen Seiten mit einem Kleberoller Kleber auf.
3. Schlage das Papier nun zusammen – die Motive sind jetzt außen – und klebe die beiden kurzen Seiten aufeinander. Wenn du dein Menükärtchen jetzt hinstellst, sollte die Herzform erkennbar sein.
4. Aus dem Organzaband bindest du ein kleines Schleifchen und klebst dieses dann mit Heißkleber an der linken oberen Ecke fest.

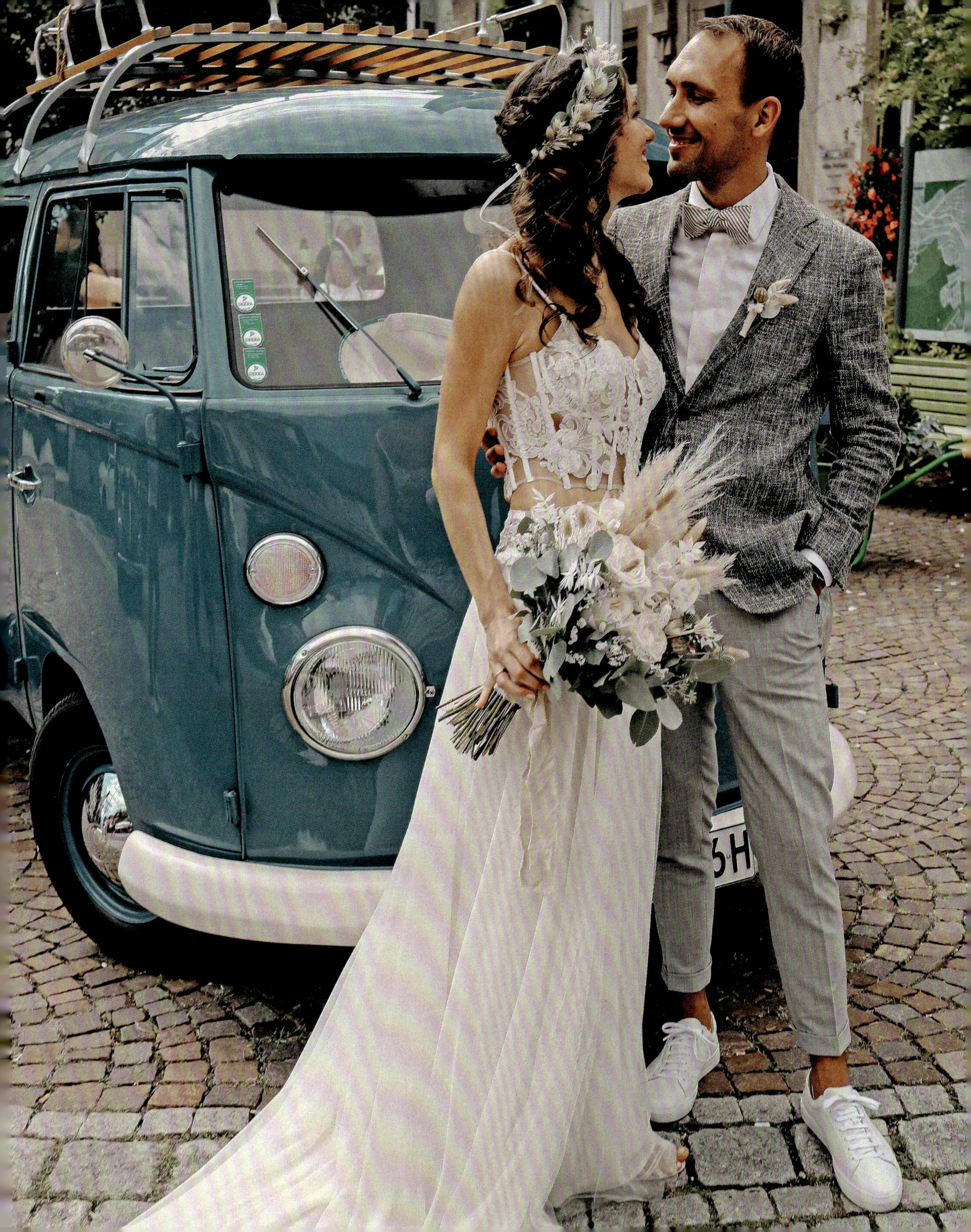

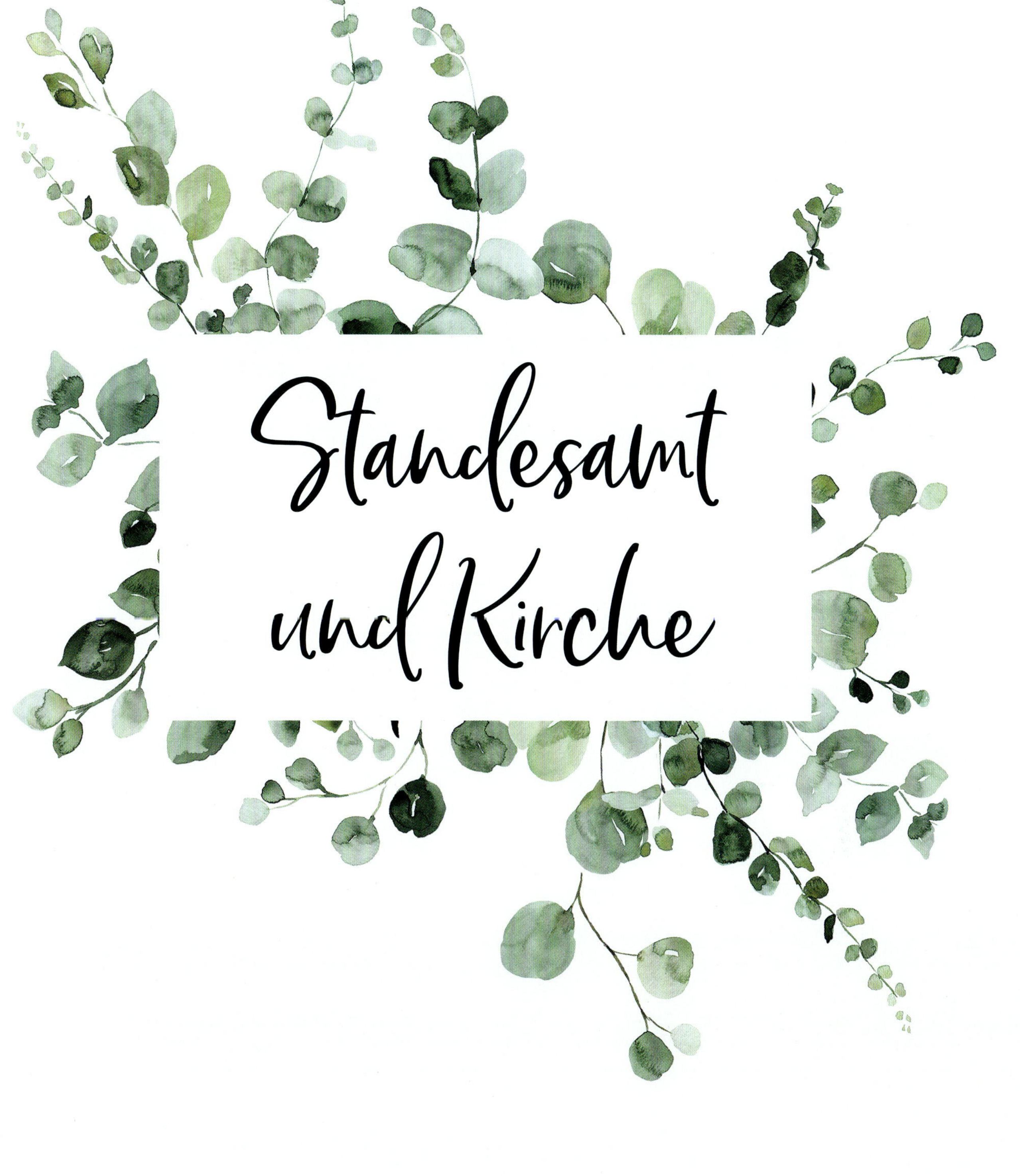

Standesamt und Kirche

Kirchenheft

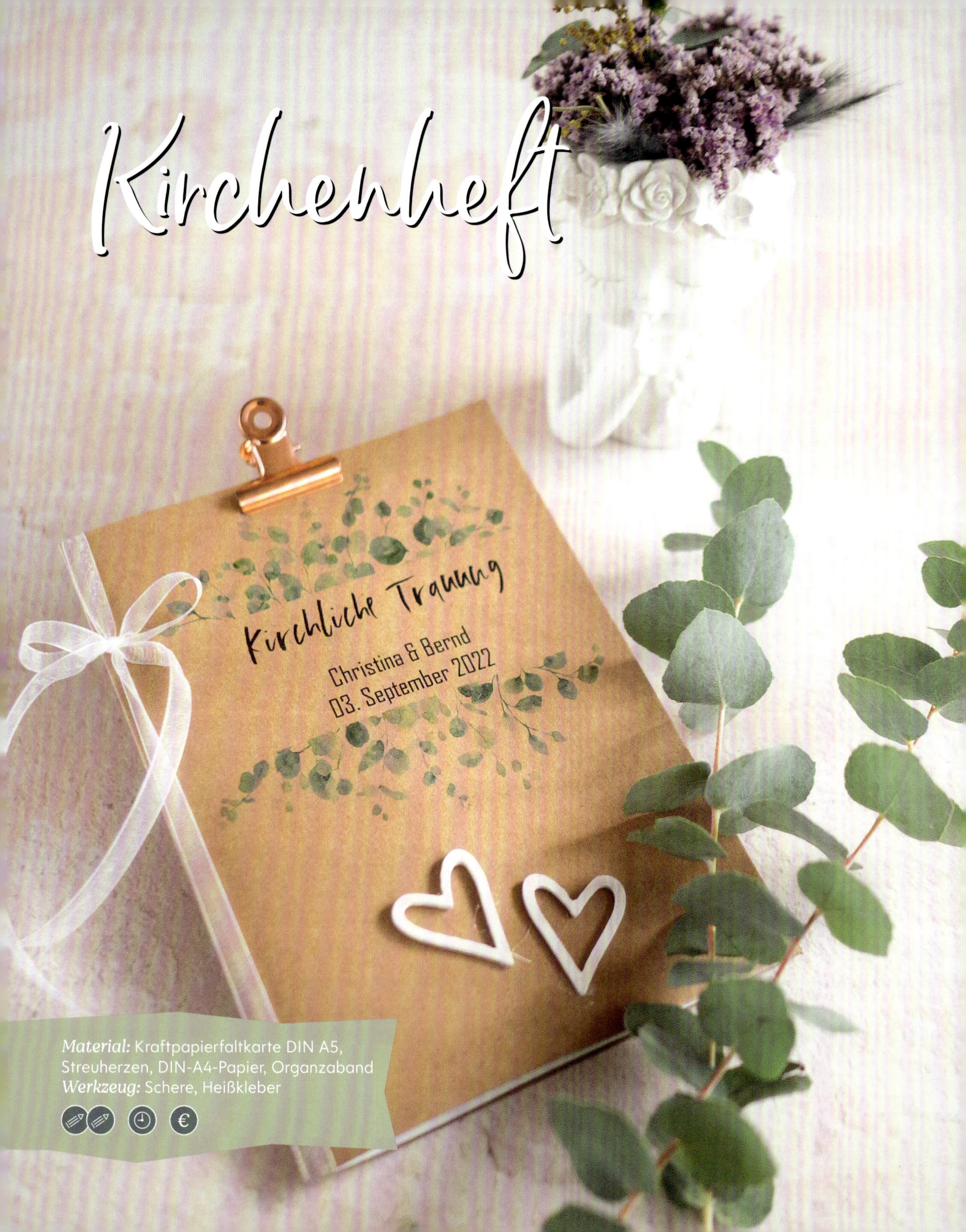

Material: Kraftpapierfaltkarte DIN A5, Streuherzen, DIN-A4-Papier, Organzaband
Werkzeug: Schere, Heißkleber

Ganz besonders soll auch das Programm in der Kirche sein. Mit Bedacht habt ihr Trauspruch, Lieder und Gebete ausgewählt. In der Art eines kleinen Programmheftes bereitet ihr euren Gästen den Ablauf auf und liefert so auch die Texte zum Mitsingen der Lieder.

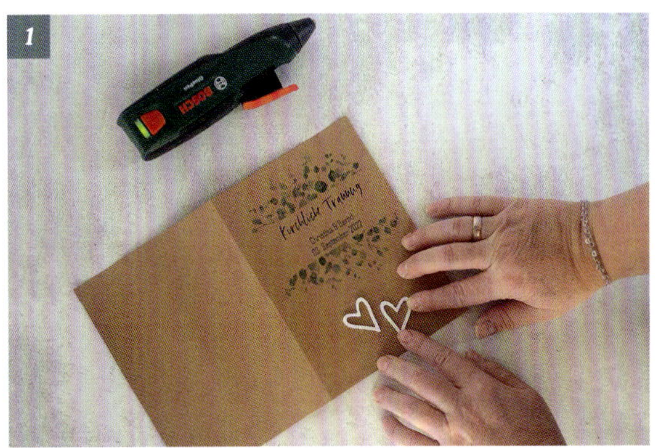

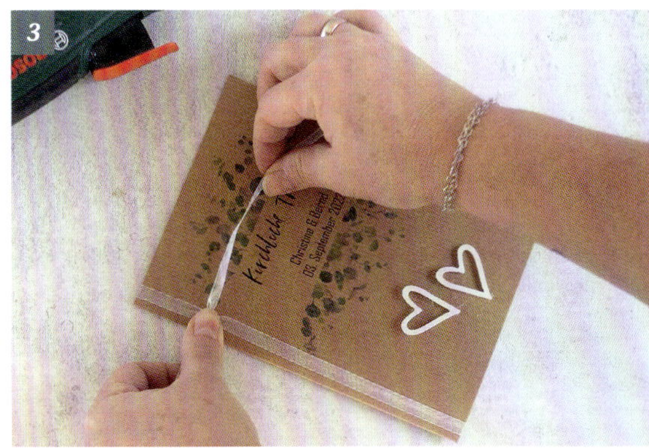

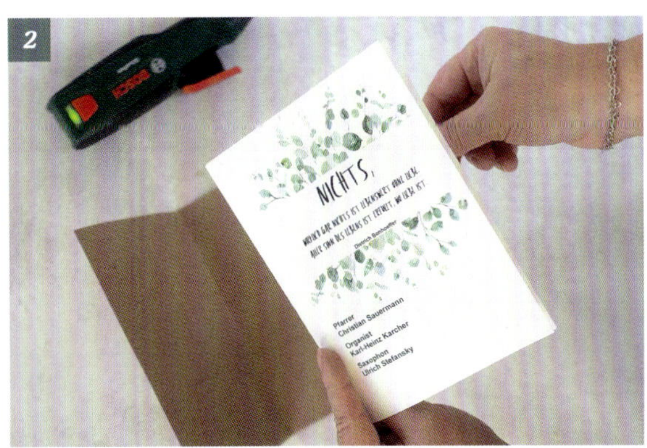

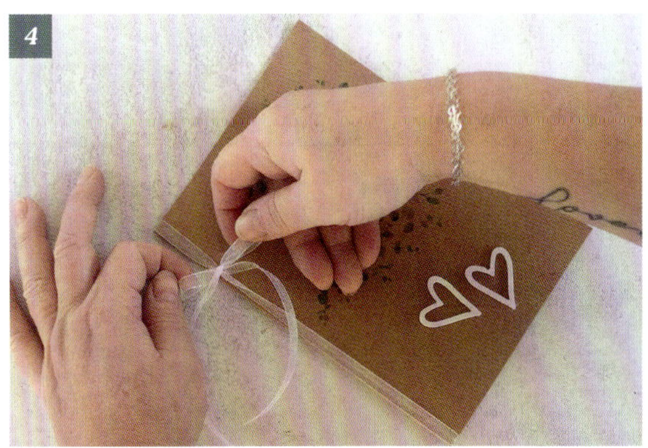

1. Gestalte dein Deckblatt im DIN-A5-Format am PC und drucke es auf der Kraftpapierklappkarte aus. Mit Streuherzen und Heißkleber kannst du dein Deckblatt weiter verzieren.

2. Dein Kirchenprogramm gestaltest du ebenfalls am PC im DIN-A5-Format und druckst dieses im Broschürendruck auf DIN-A5-Papier aus. Euer PC ist da recht schlau und weiß bei der Einstellung Broschürendruck in welcher Reihenfolge gedruckt werden muss. Lege die Ausdrucke dann in der richtigen Reihenfolge übereinander, falte sie in der Mitte, sodass ein DIN-A6-Format entsteht, und lege sie in die Kraftpapierfaltkarte.

3. Fixiere das Programm mit einem Organzaband, das du einmal den Falz entlang in das Programm legst.

4. Binde außerhalb des Programmheftes ein kleines Schleifchen.

Für die Freudentränen

Material: Tütchen aus Kraftpapier (in der Größe eines gefalteten Taschentuches), Stempel, z.B. „Für die Freudentränen", Taschentücher
Werkzeug: Stempelkissen, Stempelhilfe bei Bedarf

So ein Hochzeitstag kann ganz schön emotional sein – nicht nur für euch, sondern auch für eure Gäste. Wenn ihr darauf allerdings mit diesen Tütchen so liebevoll vorbereitet seid, ist so manche Freudenträne schnell wieder getrocknet.

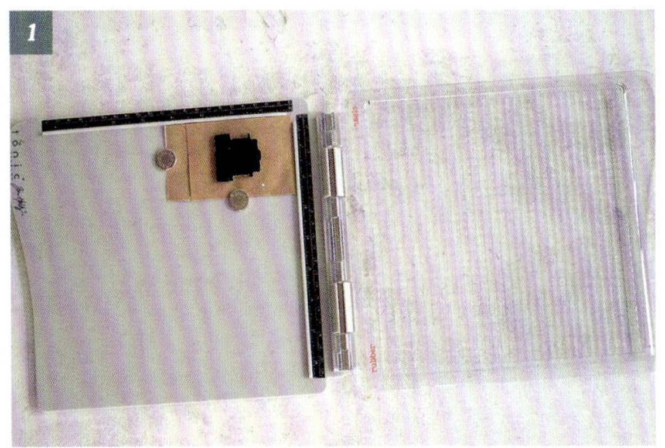

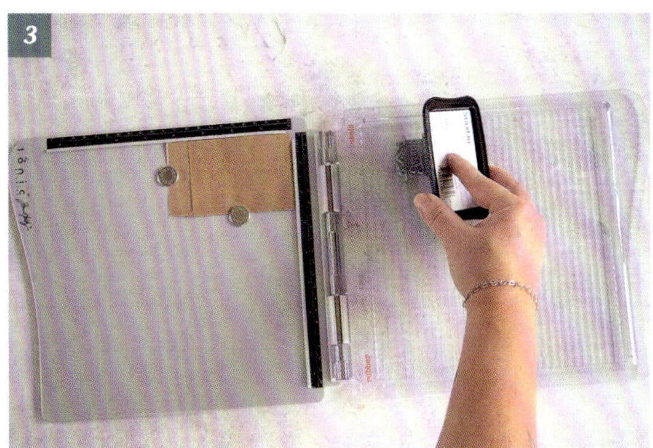

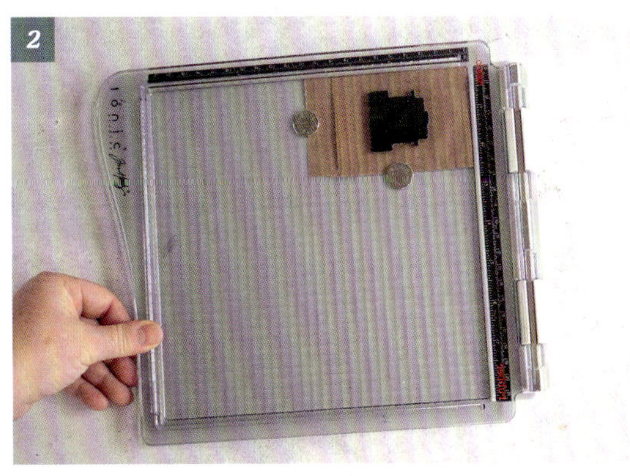

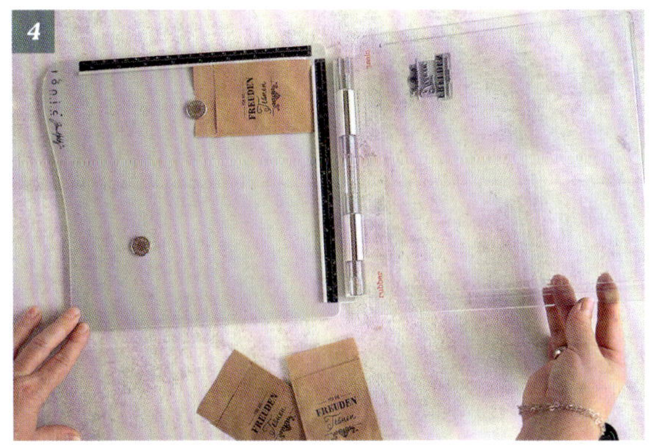

1. Lege dein Papiertütchen auf die Stempelhilfe und platziere deinen Stempel auf der Tüte dort, wo du gerne hinstempeln möchtest.

2. Klappe die Stempelhilfe zu, sodass der Stempel auf der gegenüberliegenden Platte haften bleibt.

3. Bringe mit dem Stempelkissen Farbe auf deinen Stempel auf und klappe die Stempelhilfe wieder zu. Der Stempel drückt das Motiv auf die zuvor festgelegte Stelle. Mit der Stempelhilfe platzierst du dein Motiv bei allen weiteren Stempelvorgängen immer wieder auf die gleiche Stelle. So sehen deine Tütchen professionell aus. Außerdem kannst du – für den Fall, dass der Stempel einmal nicht sauber zu sehen ist – nochmals auf dieselbe Stelle stempeln.

4. Nimm die fertig bestempelte Tüte aus der Stempelhilfe. Achtung: Lass die Stempelfarbe zuvor etwas trocknen, damit das Motiv nicht verschmiert. In jedes Tütchen steckst du nun ein Taschentuch für die Freudentränen eurer Gäste.

Ringkissen

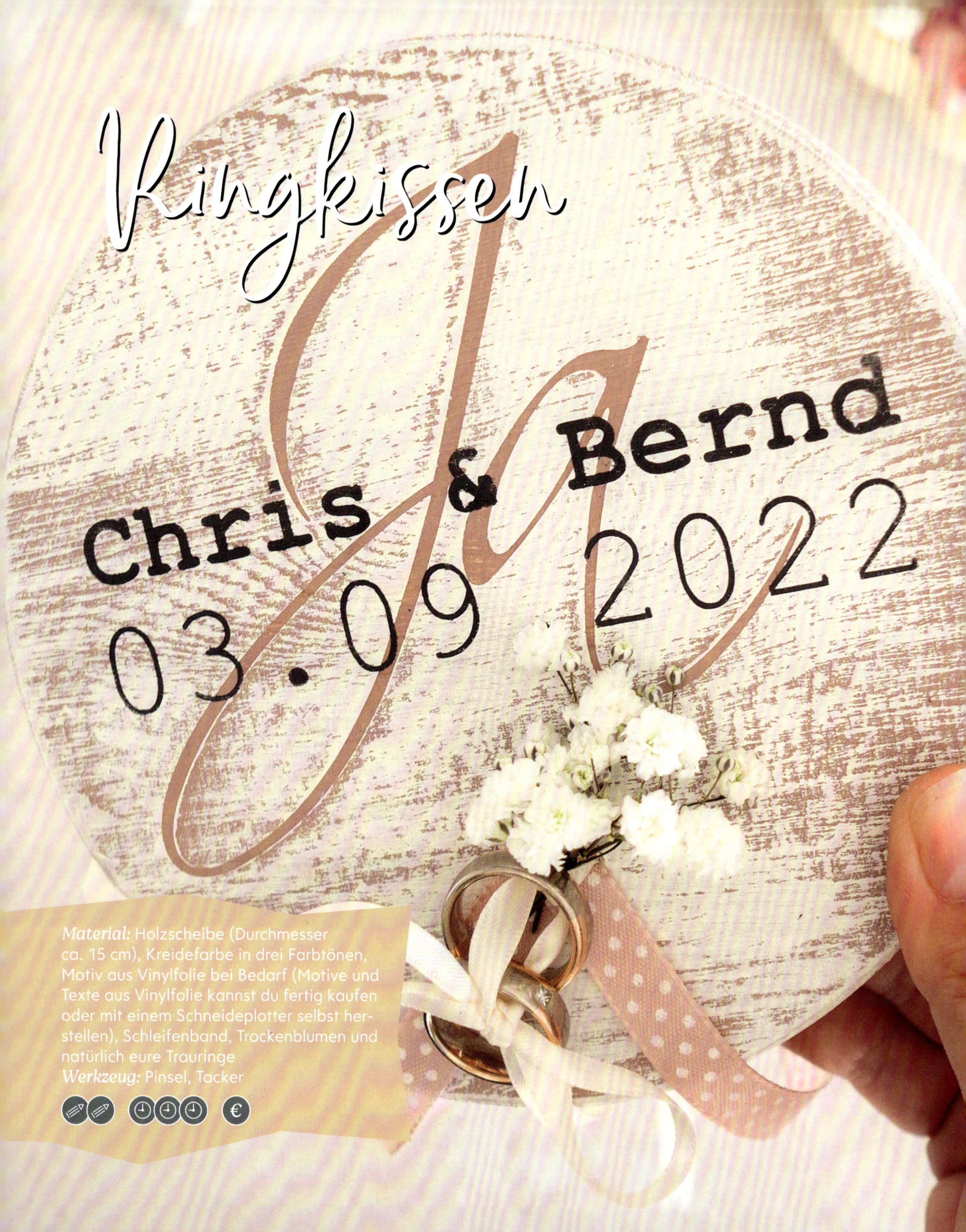

Material: Holzscheibe (Durchmesser ca. 15 cm), Kreidefarbe in drei Farbtönen, Motiv aus Vinylfolie bei Bedarf (Motive und Texte aus Vinylfolie kannst du fertig kaufen oder mit einem Schneideplotter selbst herstellen), Schleifenband, Trockenblumen und natürlich eure Trauringe
Werkzeug: Pinsel, Tacker

€

Eure wunderschönen Trauringe dürfen an diesem Tag auch einzigartig präsentiert werden. Wie wäre es mit einem Ringkissen, das ihr kreativ ganz nach euren Vorstellungen gestalten könnt? Romantisch verspielt, mit verschiedenen Bändern und einem Blumenakzent, ist das Ringkissen eine hübsche Erinnerung.

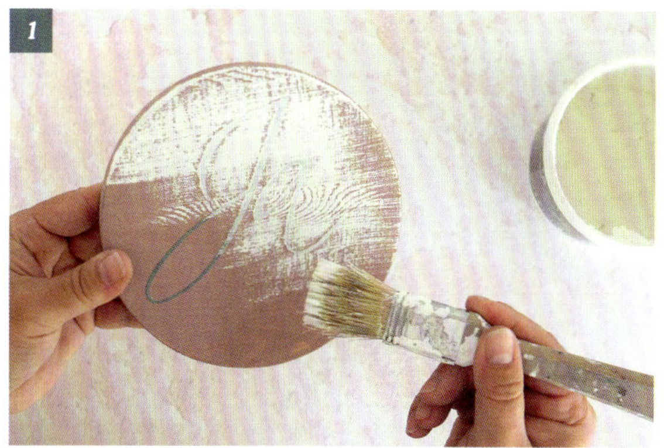

1

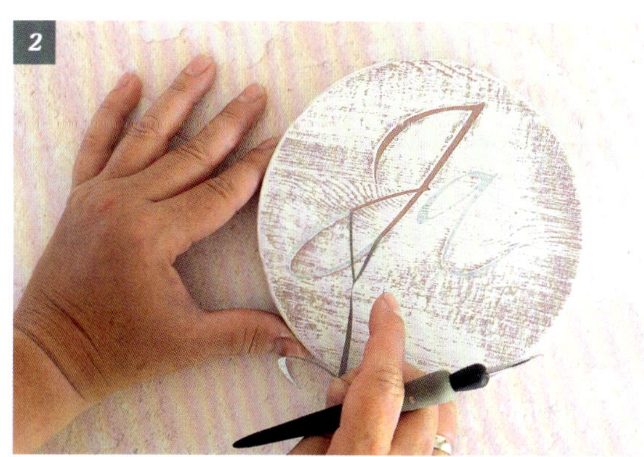

2

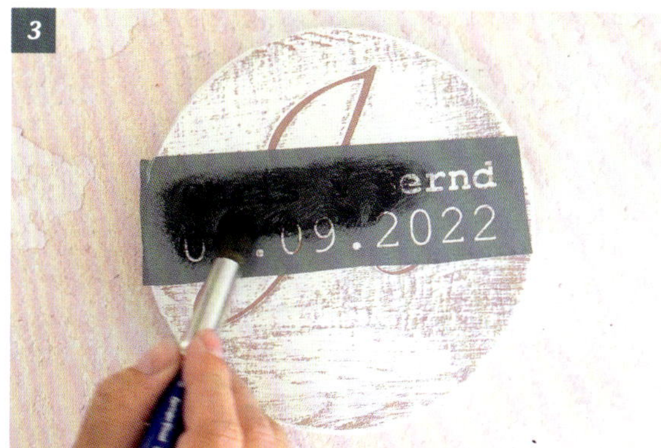

3

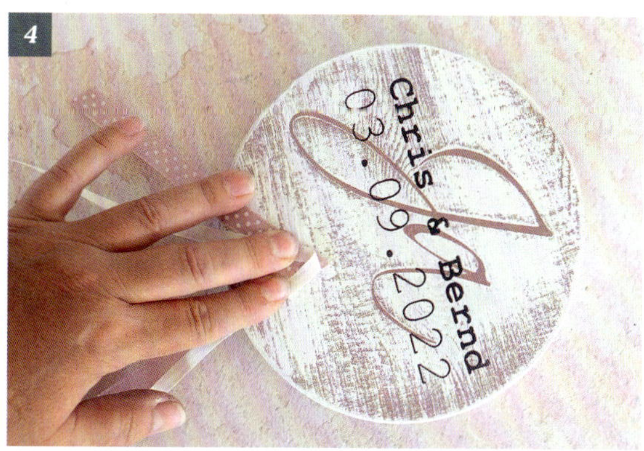

4

1. Die Holzscheibe grundierst du mit deiner Lieblingsfarbe. Danach gestaltest du dein Ringkissen nach deinen Vorstellungen. Auf die getrocknete Grundierung habe ich hier aus Vinylfolie das Wort „Ja“ aufgeklebt, das ich vorher auf einem Schneideplotter erstellt habe. Darüber streichst du eine zweite Farbe, die zu deiner ersten einen guten Kontrast bildet.

2. Die Vinylfolie ziehst du dann vorsichtig wieder ab – das Wort „Ja“ erscheint in der Grundfarbe.

3. Wenn alles gut getrocknet ist, kannst du Name und Datum mit einer Vinylschablone auftragen. Auch diese habe ich vorab auf einem Schneideplotter erstellt. Achte darauf, dass auch diese Farbe einen guten Kontrast zu Grund- und Deckfarbe bildet.

4. Zum Schluss bringst du die Schleifenbänder mit dem Tacker an und verzierst das Ringkissen mit deinen Lieblingsblumen. Eure Trauringe bindest du später mit den Schleifenbändern fest, und fertig ist dein Ringkissen.

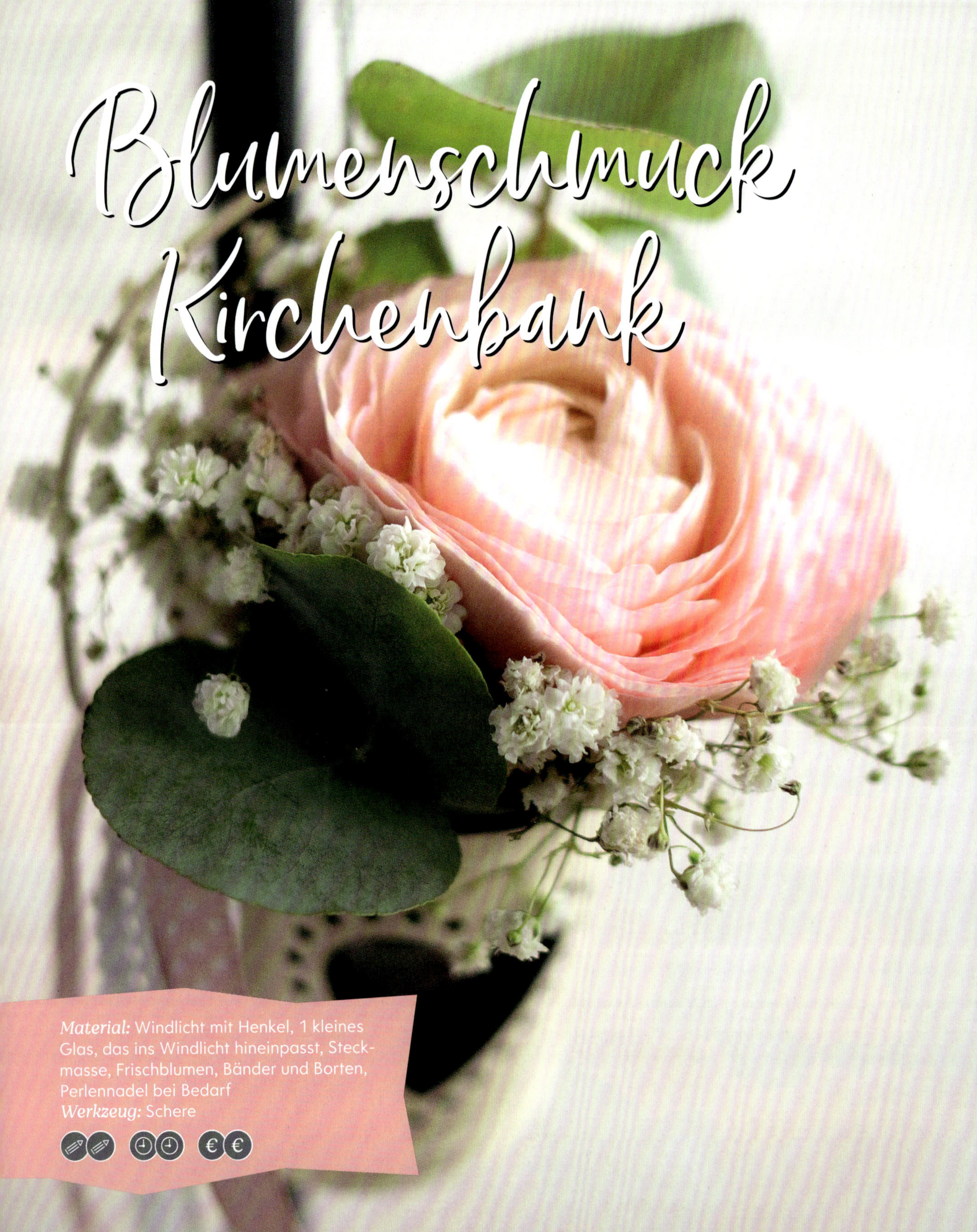

Blumenschmuck Kirchenbank

Material: Windlicht mit Henkel, 1 kleines Glas, das ins Windlicht hineinpasst, Steckmasse, Frischblumen, Bänder und Borten, Perlennadel bei Bedarf
Werkzeug: Schere

Egal ob Kirchenbank, Stühle im Standesamt oder bei deiner Open-Air-Trauung – Blumen entlang des Spaliers, durch das das Brautpaar läuft, dürfen nicht fehlen. Im Handumdrehen sind kleine Bouquets gezaubert und mit langen Bändern in verschiedenen Farben geschmückt, die wunderbare Leichtigkeit ausstrahlen.

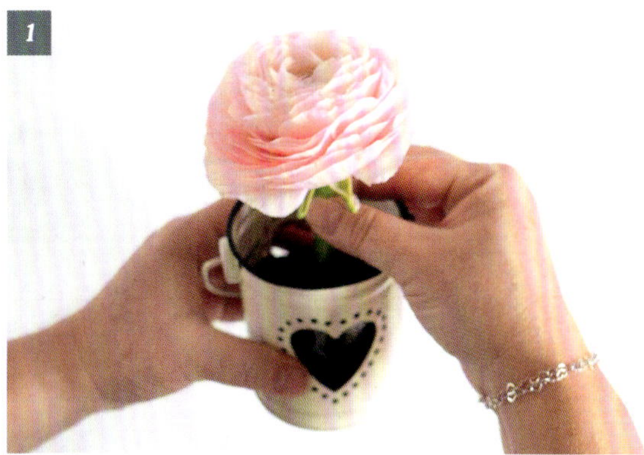

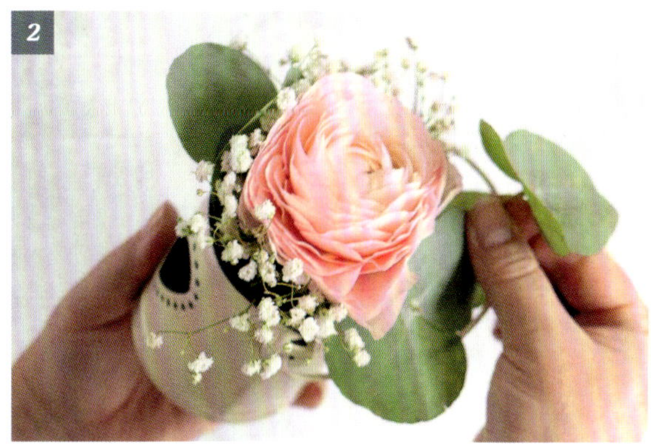

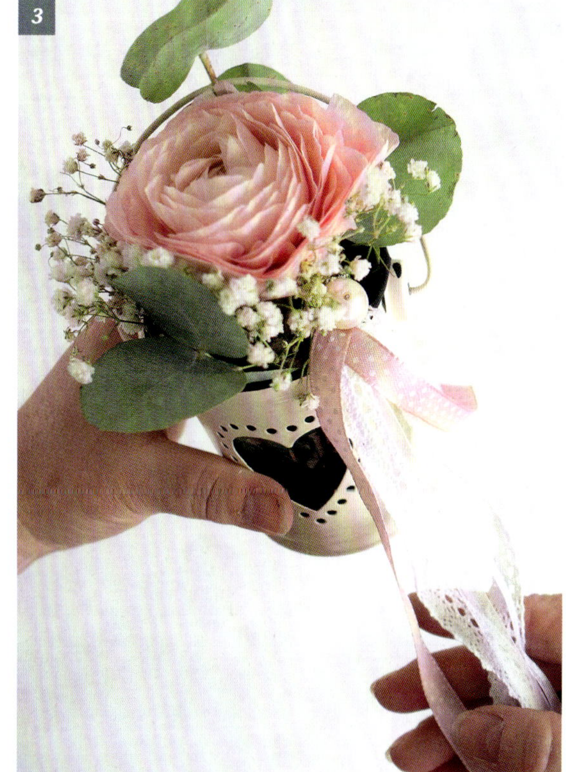

1. Schneide die Steckmasse passend für das Glas zu. Die mit Wasser vollgesaugte Masse steckst du in das Glas und das Glas in dein Windlicht. Platziere die Hauptblüte mittig in der Steckmasse.

2. Um die Hauptblüte herum füllst du z.B. mit Schleierkraut und Eukalyptus auf – bis dir das Bouquet gefällt.

3. Schleifen- und Spitzenbänder kannst du an den Henkel deines Windlichts binden oder sie mithilfe einer Perlennadel in die Steckmasse stecken. Achte darauf, dass die Bänder nicht zu kurz sind. Im Freien spielt mit ihnen der Wind – aber auch im Standesamt oder in der Kirche sorgen sie für sanfte Bewegung.

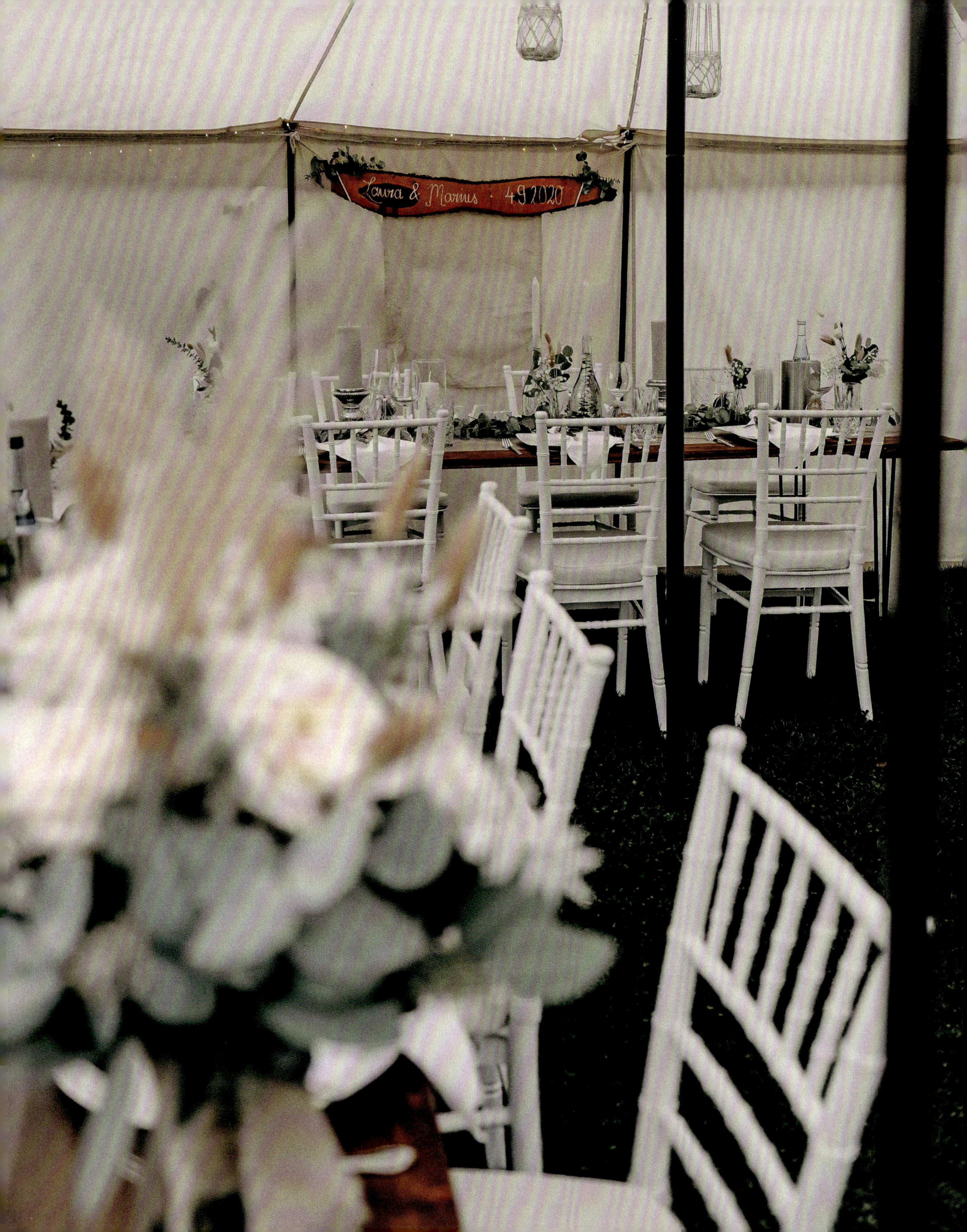
Laura & Marius · 4.9.2020

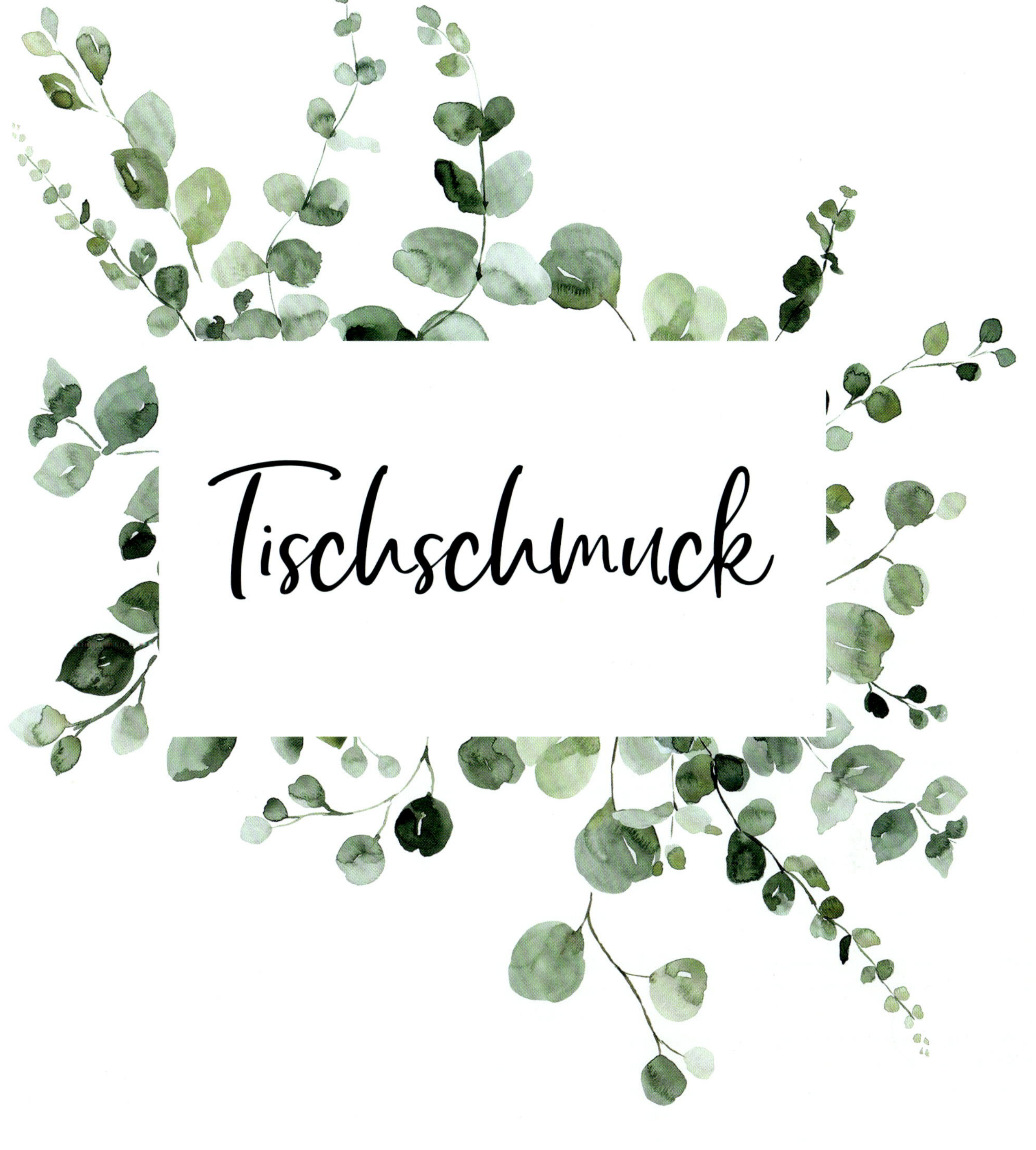

Tischschmuck

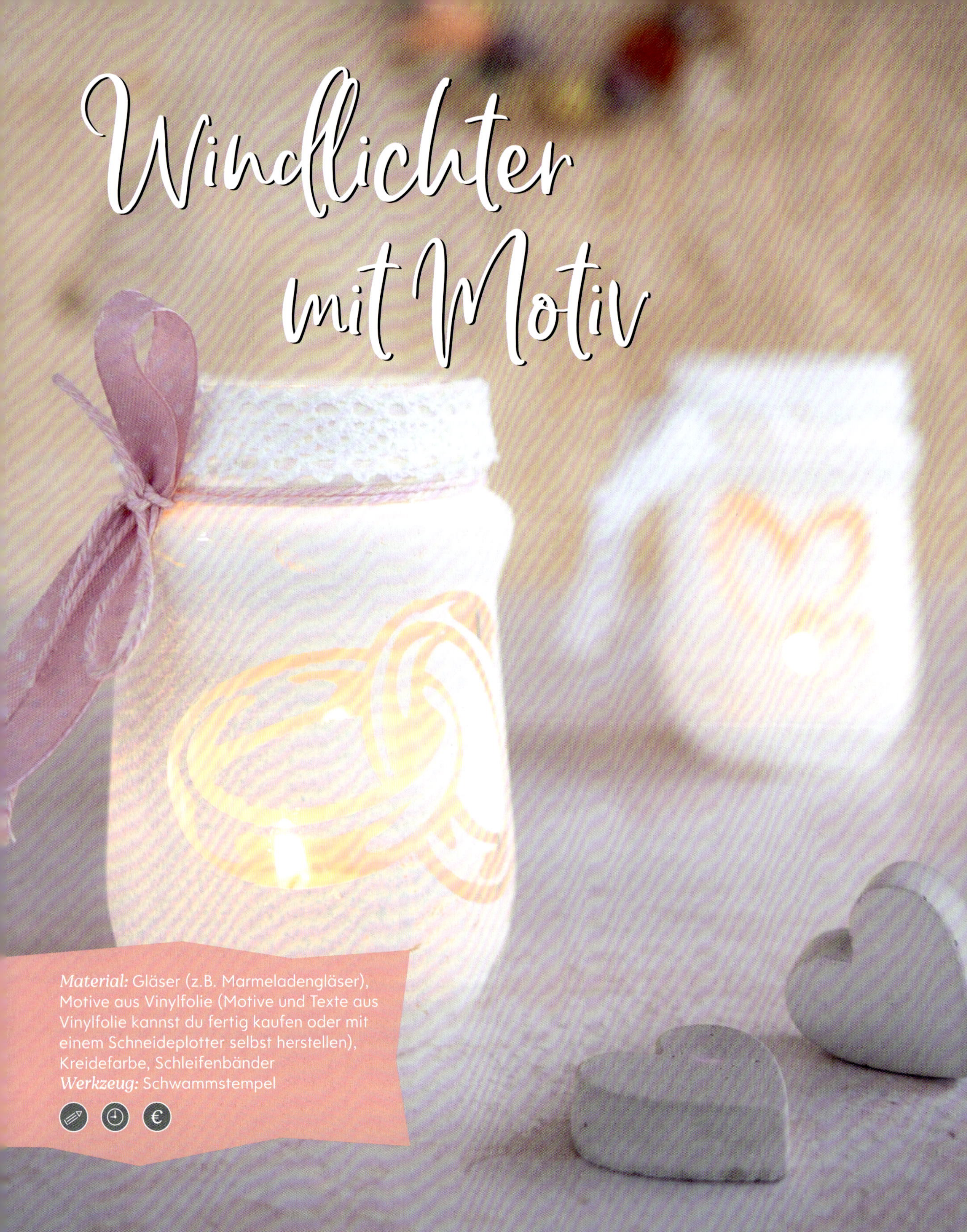

Windlichter mit Motiv

Material: Gläser (z.B. Marmeladengläser), Motive aus Vinylfolie (Motive und Texte aus Vinylfolie kannst du fertig kaufen oder mit einem Schneideplotter selbst herstellen), Kreidefarbe, Schleifenbänder
Werkzeug: Schwammstempel

Kerzenlicht schafft eine romantische Atmosphäre, die auf deiner Hochzeit nicht fehlen darf. Diese wundervollen Windlichter kannst du mit deinen Wunschmotiven verzieren: Ob Eheringe, Herzen oder eure Namen – den Gestaltungsmöglichkeiten sind keine Grenzen gesetzt.

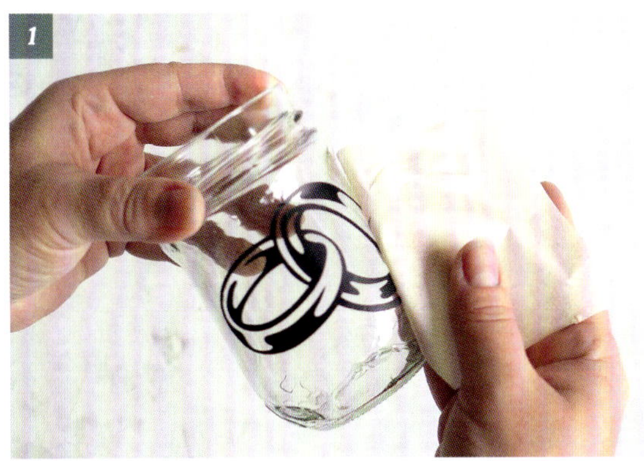

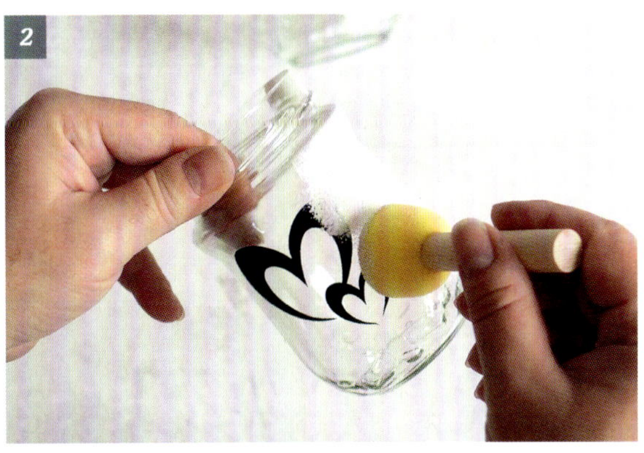

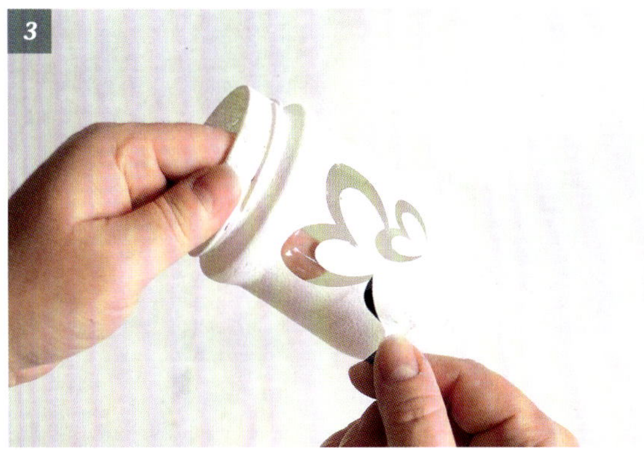

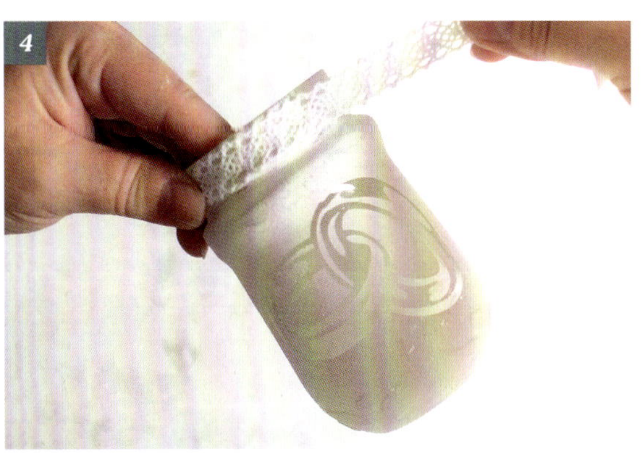

1. Klebe deine Motive auf das gereinigte Glas.

2. Tupfe jetzt mit dem Schwammstempel die Farbe auf das Glas. Bringe auch auf deinem Motiv Farbe auf.

3. Wenn die Farbe getrocknet ist, ziehe die Vinylfolie vorsichtig ab. Das Motiv ist sichtbar, da hier keine Farbe ist. Besonders schön kommt dieser Effekt zur Geltung, wenn später das Kerzenlicht durchschimmert.

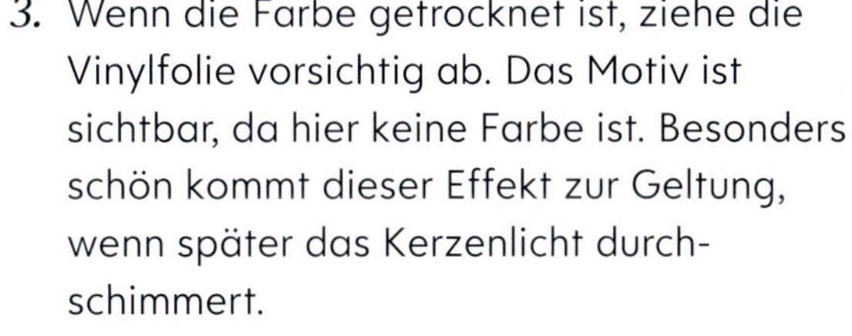

4. Verschönere dein Windlicht noch mit diversen Schleifenbändern. Fehlt nur noch ein Teelicht und dein romantisches Windlicht ergänzt deine traumhafte Tischdeko.

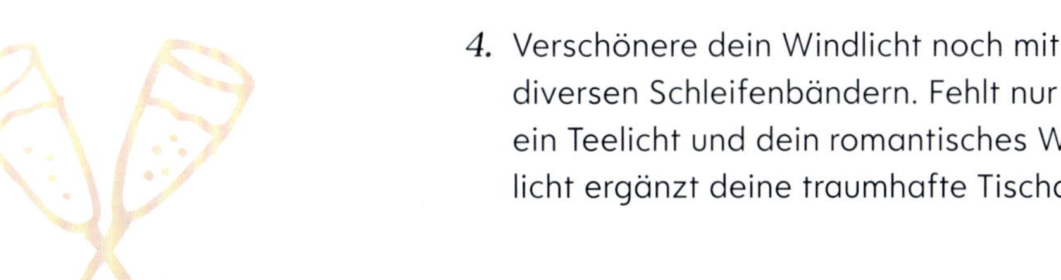

Blumenkaffee

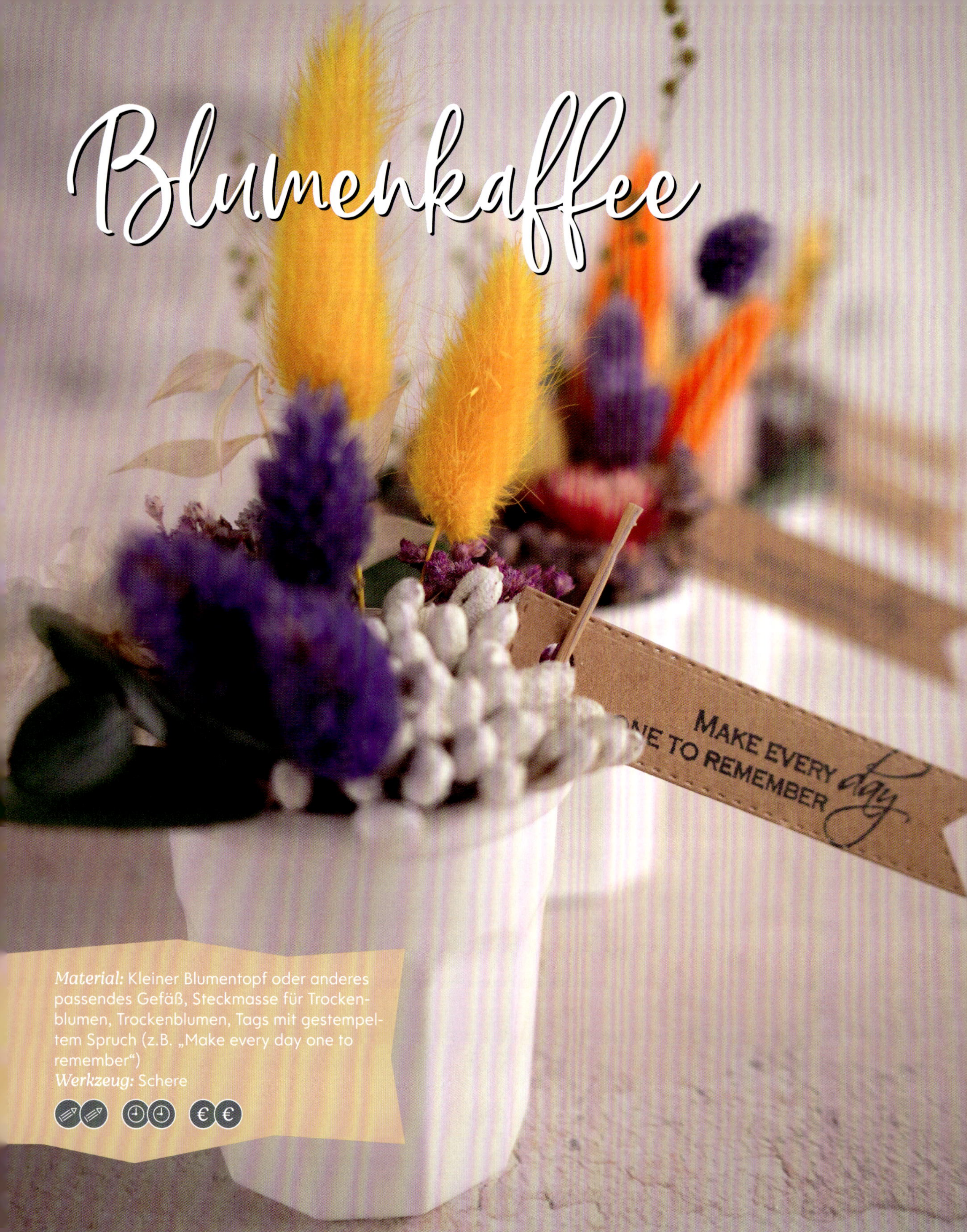

Material: Kleiner Blumentopf oder anderes passendes Gefäß, Steckmasse für Trockenblumen, Trockenblumen, Tags mit gestempeltem Spruch (z.B. „Make every day one to remember“)
Werkzeug: Schere

Farbenfroher Blumenschmuck strahlt pure Lebensfreude aus. Wie passend für ein rauschendes Hochzeitsfest! Dabei lassen sich diese kunterbunten Blumenkaffees aus Trockenblumen gestalten und somit wunderbar vorbereiten. Und auch nach eurem Festtag strahlen sie noch lang mit euch um die Wette.

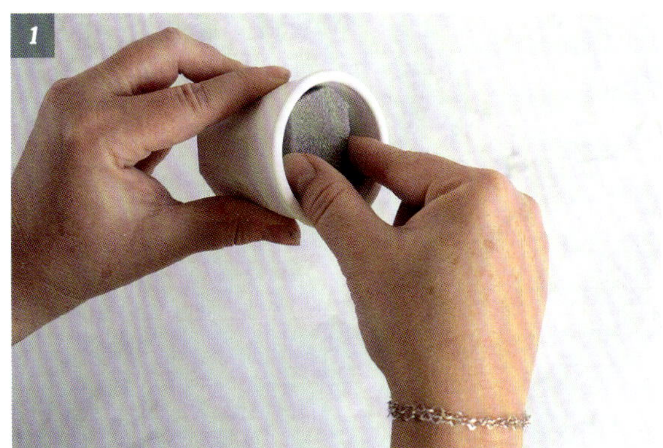

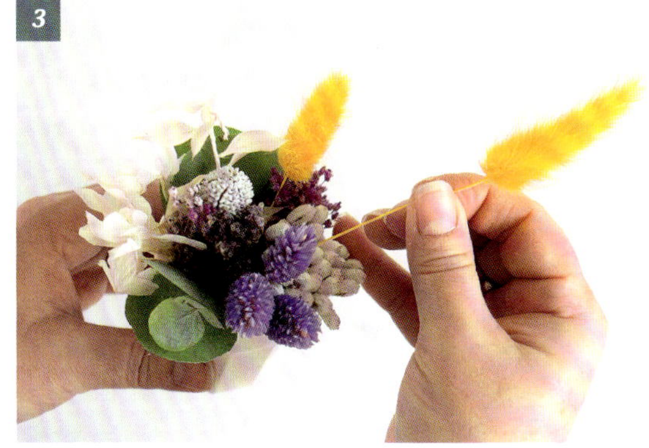

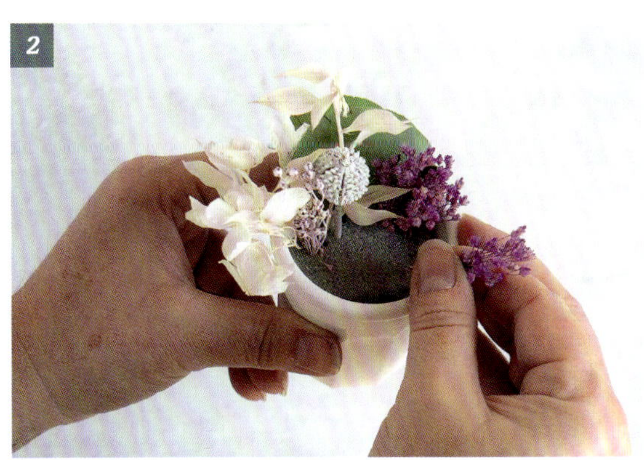

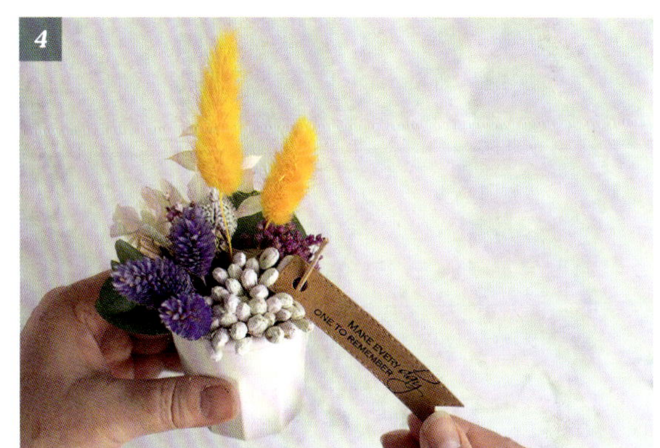

1. Schneide deine Steckmasse für Trockenblumen passend zurecht und stecke sie in dein Gefäß.

2. Arrangiere deine farbenfrohen Trockenblumen nach Lust und Laune. Stecke die Blümchen so, dass das Bouquet schön dicht ist und von der Steckmasse nichts mehr zu sehen ist.

3. Setze leuchtende Akzente in deiner Lieblingsfarbe.

4. Um deinen Tag zu befestigen, kannst du einen Rest von einen Trockenblumenstiel verwenden: Platziere den Stiel in der Steckmasse und stecke den Tag durch das Loch auf den Stiel. Die kleinen Blumenkaffees kannst du auf euren Tisch oder eure Tafel verteilt arrangieren und am Ende des Festes auch gerne euren Gästen mitgeben.

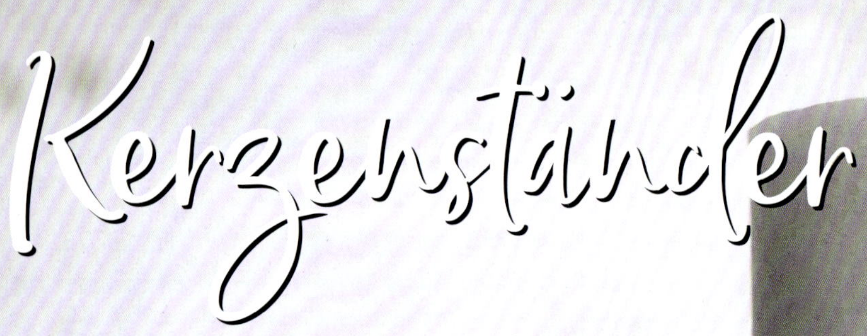

Kerzenständer

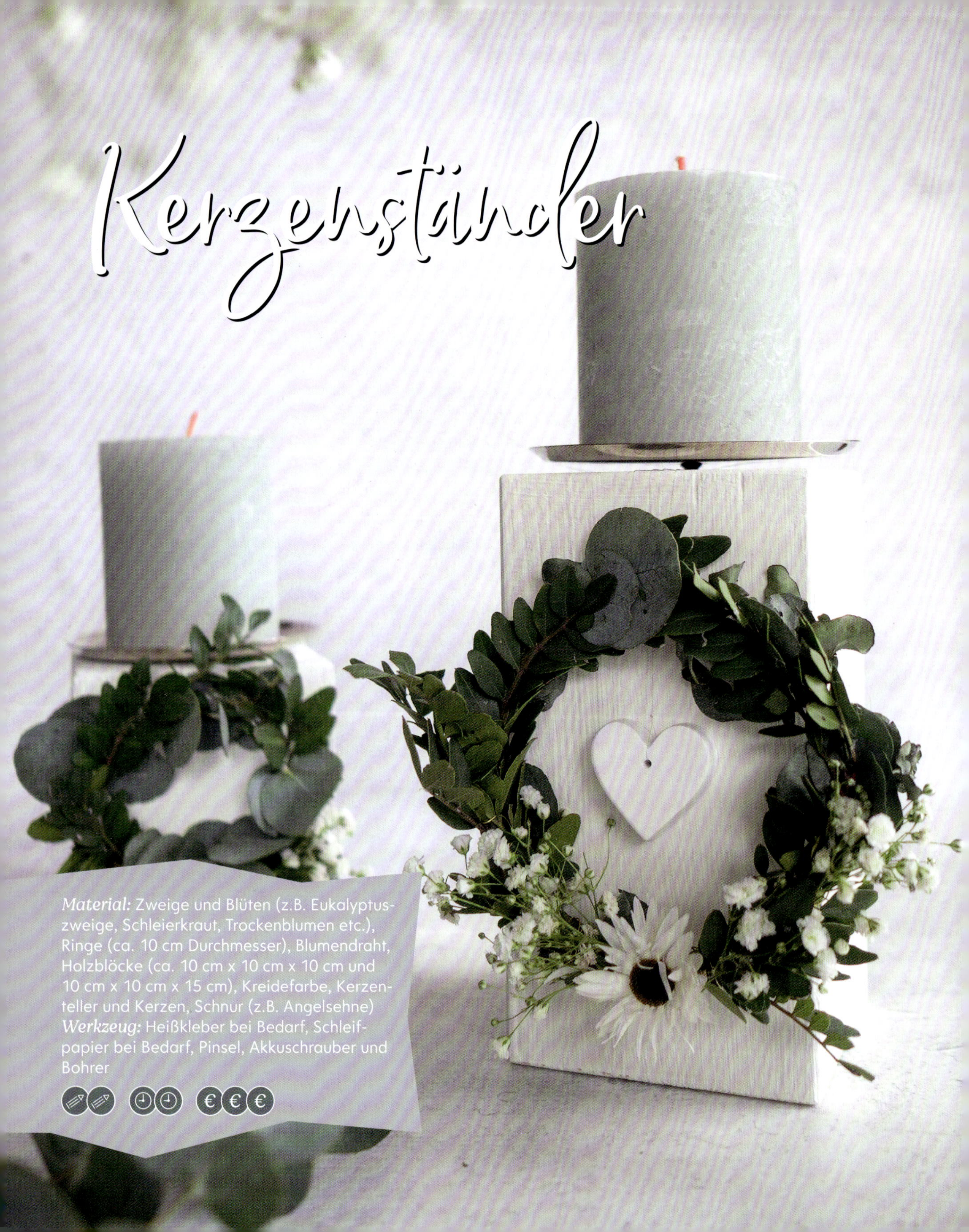

Material: Zweige und Blüten (z.B. Eukalyptuszweige, Schleierkraut, Trockenblumen etc.), Ringe (ca. 10 cm Durchmesser), Blumendraht, Holzblöcke (ca. 10 cm x 10 cm x 10 cm und 10 cm x 10 cm x 15 cm), Kreidefarbe, Kerzenteller und Kerzen, Schnur (z.B. Angelsehne)
Werkzeug: Heißkleber bei Bedarf, Schleifpapier bei Bedarf, Pinsel, Akkuschrauber und Bohrer

Stilvolle Kerzen und Kerzenständer gehören auf einen Hochzeitstisch wie wundervolle Blumenkreationen. Mit diesen Kerzenständern verbindet ihr beide Elemente elegant. Und die Farbkombination Grün-Weiß wirkt natürlich und edel zugleich.

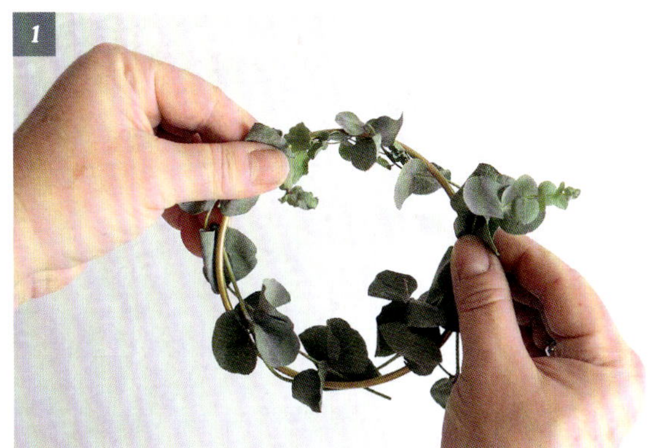

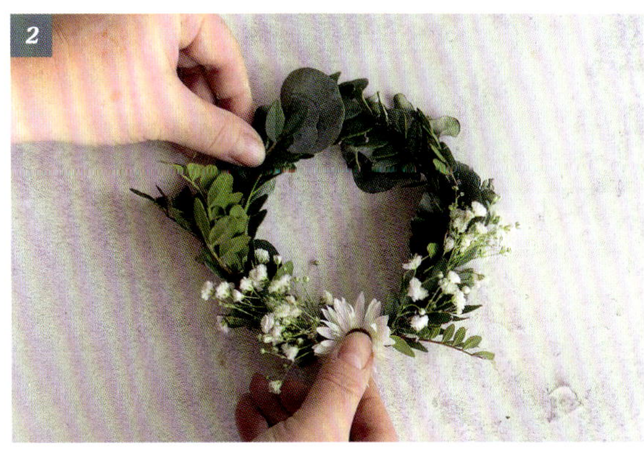

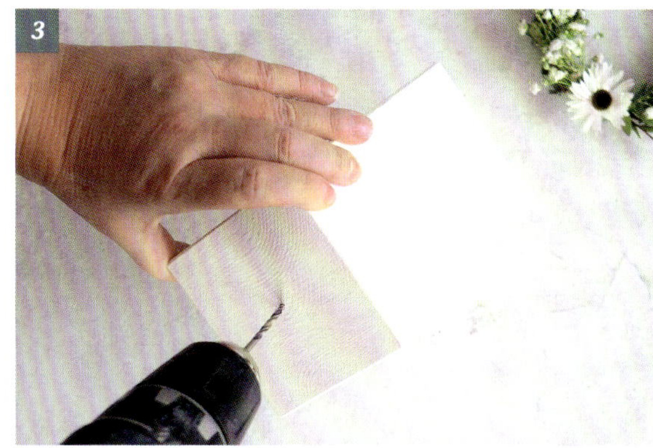

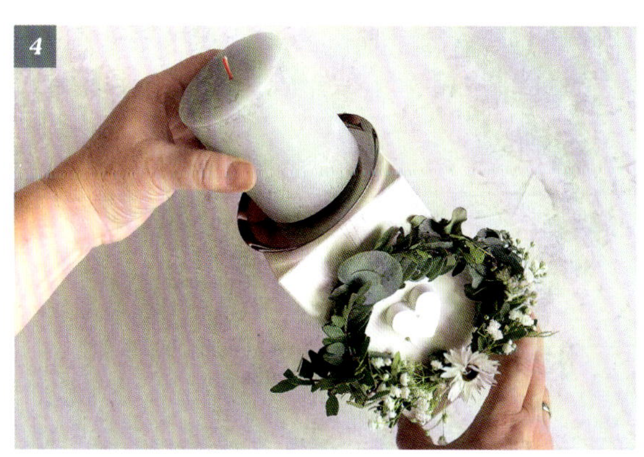

1. Die Eukalyptuszweige wickelst du um einen Ring und befestigst sie mit Blumendraht.

2. Andere Zweige und Schleierkraut bindest du dazwischen, bis dein Kranz voll und grün ist. Trockenblüten kannst du mit Heißkleber fixieren. Mit ihnen lässt sich gekonnt auch der Bindedraht verdecken.

3. Mit Schleifpapier schmirgelst du deine Holzbalken an den Kanten schön glatt. Anschließend streichst du sie mit Kreidefarbe. Kreidefarbe trocknet schnell und du kannst bald weitermachen. Bohre nun von oben und mittig ein Loch in den Balken. Die Größe des Bohrers richtet sich nach der Größe des Dorns deines Kerzentellers.

4. Das kleine Herzchen und den Kranz hängst du mit Angelsehne an den Dorn deines Kerzentellers, bevor du diesen in das Loch im Balken steckst. Angelsehne hat den Vorteil, dass sie fast unsichtbar ist, und das Kränzchen und das Herzchen so scheinbar schweben. Mit den zum Grün passenden Kerzen sind deine Kerzenständer komplett.

Blumenkürbisse

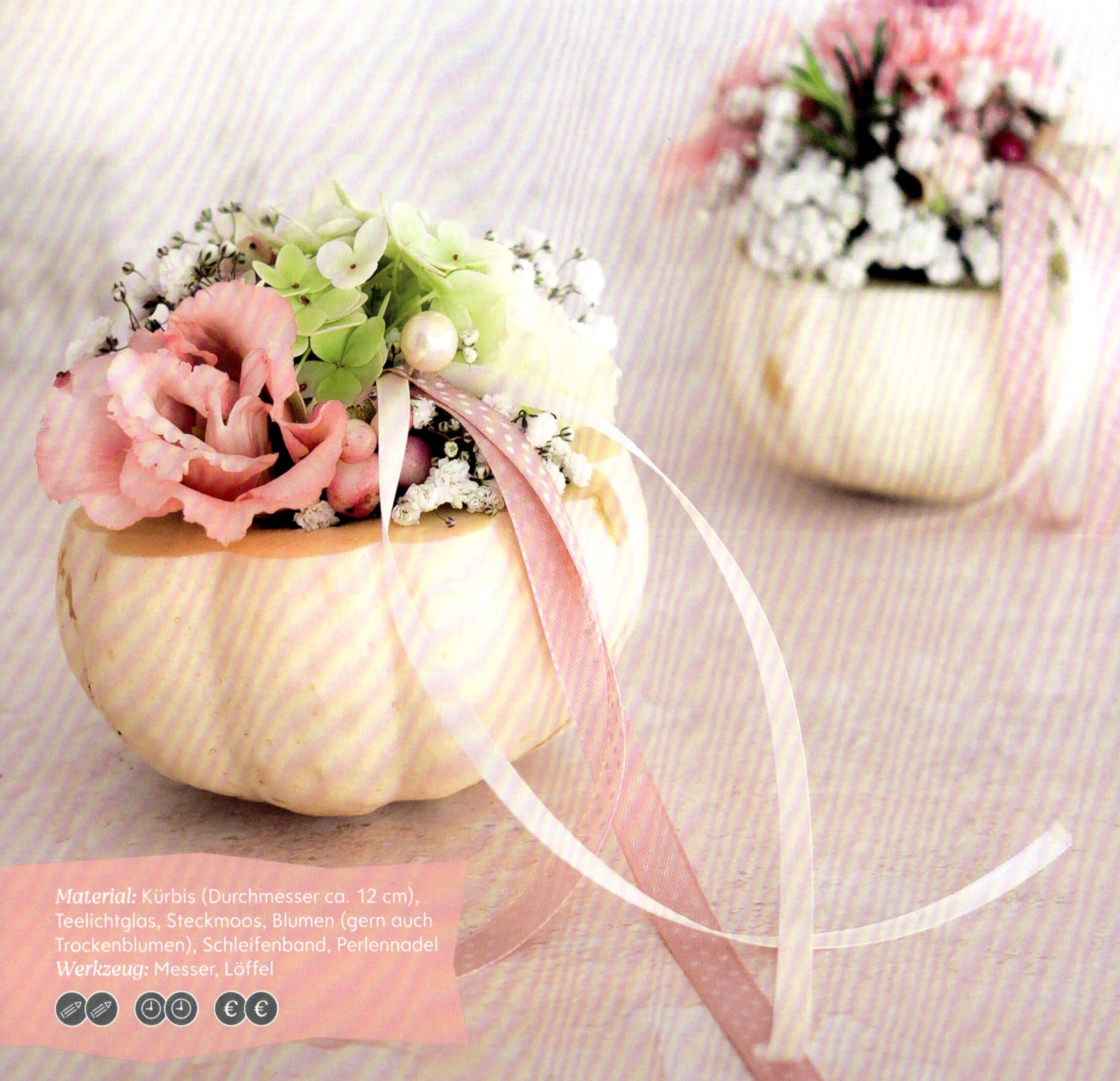

Material: Kürbis (Durchmesser ca. 12 cm), Teelichtglas, Steckmoos, Blumen (gern auch Trockenblumen), Schleifenband, Perlennadel
Werkzeug: Messer, Löffel

Die Floristin eures Vertrauens unterstützt euch ganz sicher bei der floralen Ausgestaltung eurer Traumhochzeit. Ausgefallene Tischgestecke könnt ihr mit wenigen Handgriffen aber auch selbst gestalten. Setzt ihr dabei auf Trockenblumen, könnt ihr die Gestecke auch schon ein paar Tage vor eurem großen Tag vorbereiten.

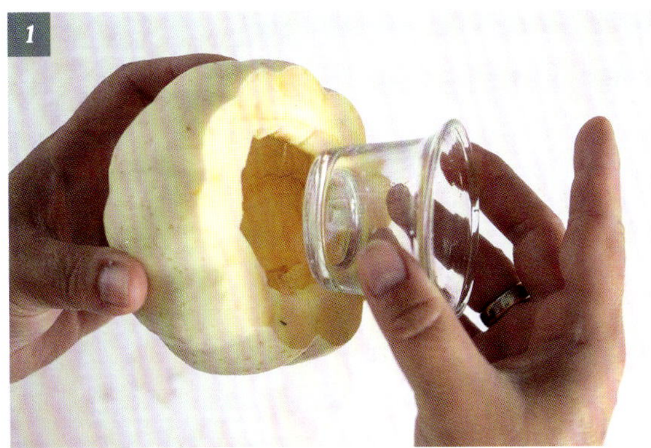

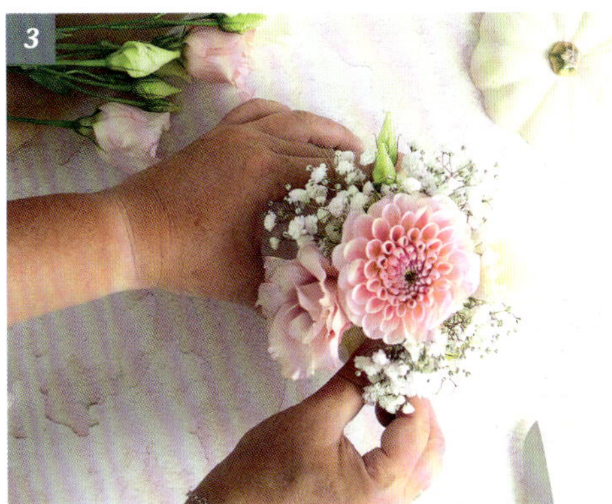

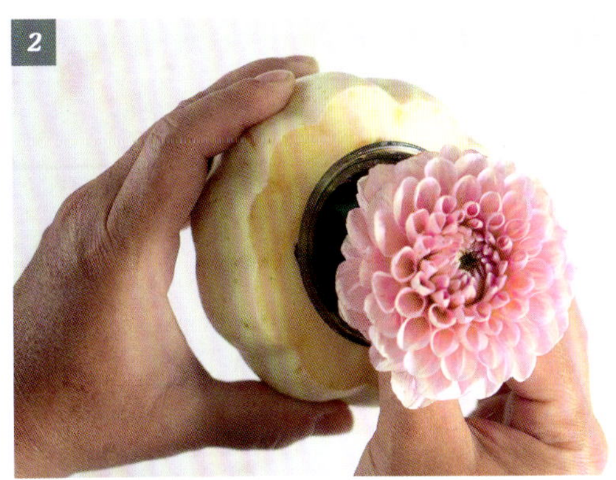

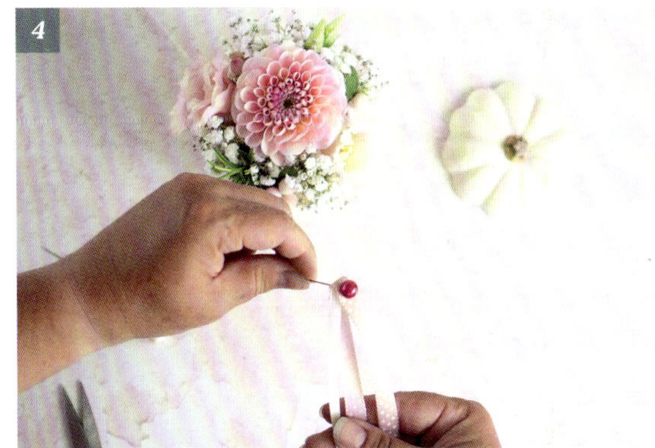

1. Schneide vom Kürbis einen schmalen oberen Teil ab und höhle ihn mit einem Löffel aus. In das entstandene Loch setzt du ein Teelichtglas ein, in das wiederum das feuchte Steckmoos.

2. Mittig platzierst du nun die Hauptblüte. Als Akzente werden auf 4, 8 und 12 Uhr weitere Blumen gesteckt.

3. Zwischen die Blüten kannst du mit Schleierkraut, Strandflieder oder anderen kleinblütigen Blühern auffüllen. Wenn du magst, kannst du auch mit Beeren, Kräutern oder Eukalyptuszweigen weitere Akzente setzen.

4. Schneide jetzt von verschiedenen Schleifenbändern Stücke zurecht, die du mit einer Perlennadel in deinem Gesteck platzierst. Und schon kannst du sagen, dass du sogar die Blumendeko für eure Hochzeit selbst gestaltet hast.

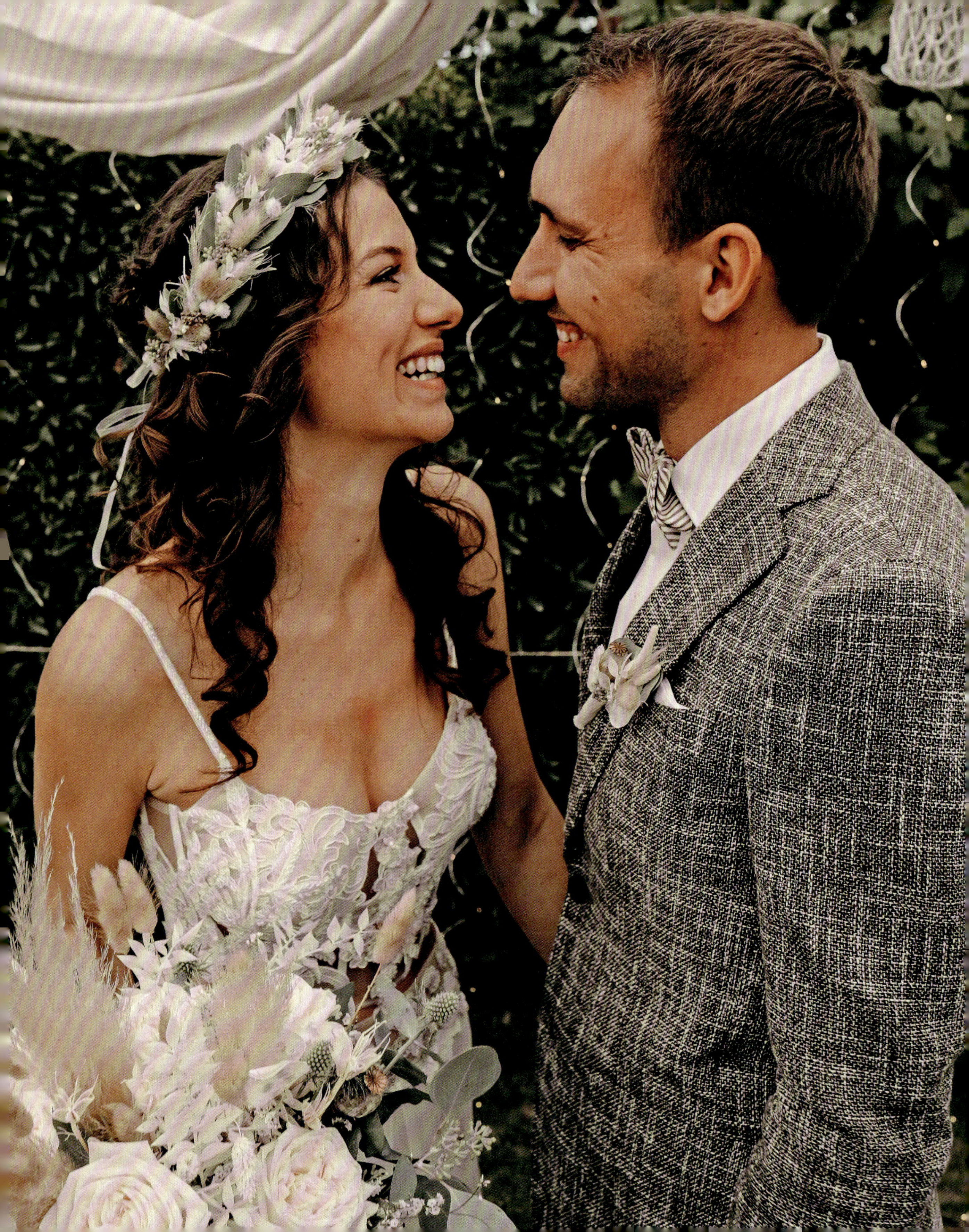

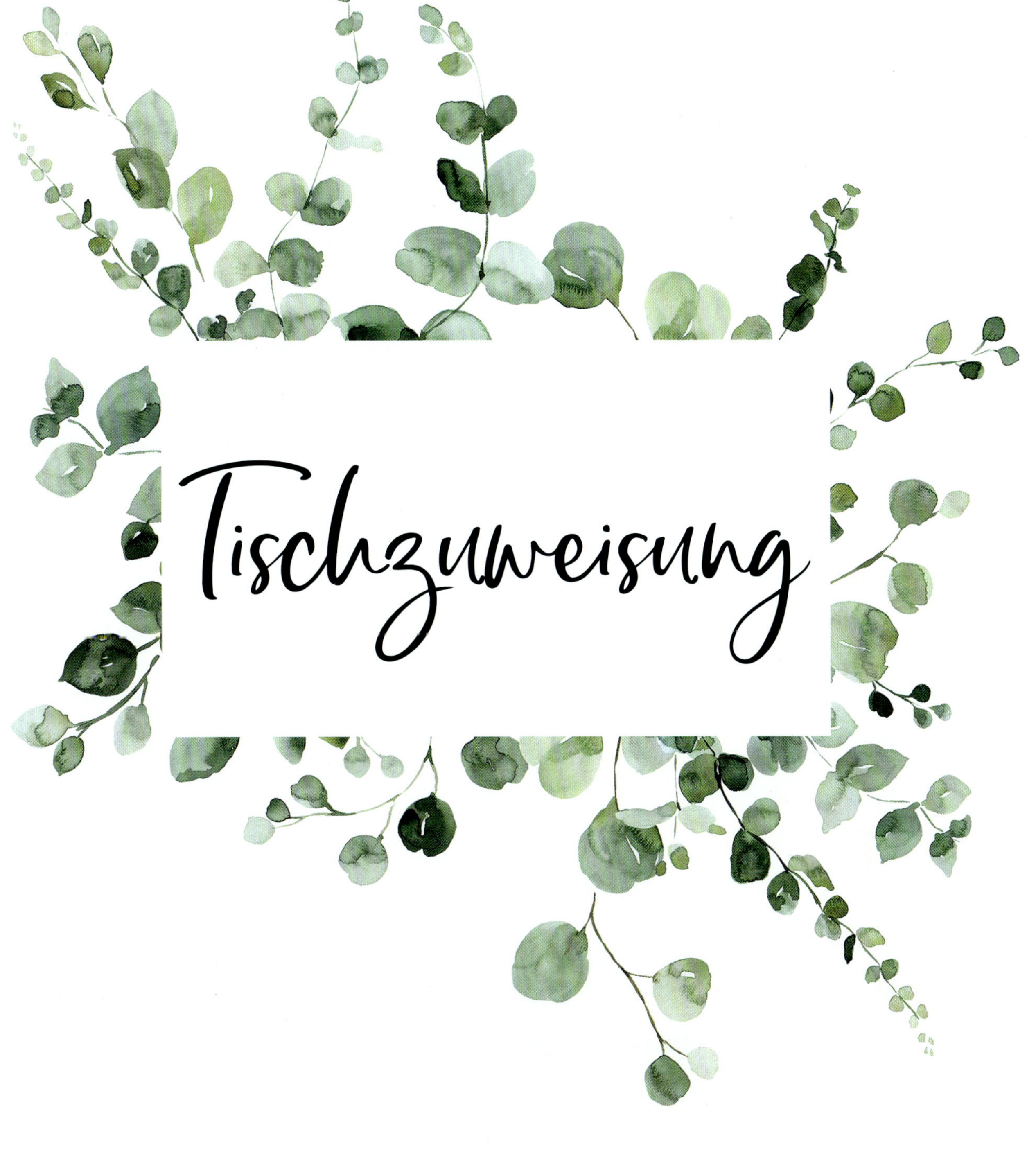
Tischzuweisung

Namensflaschen

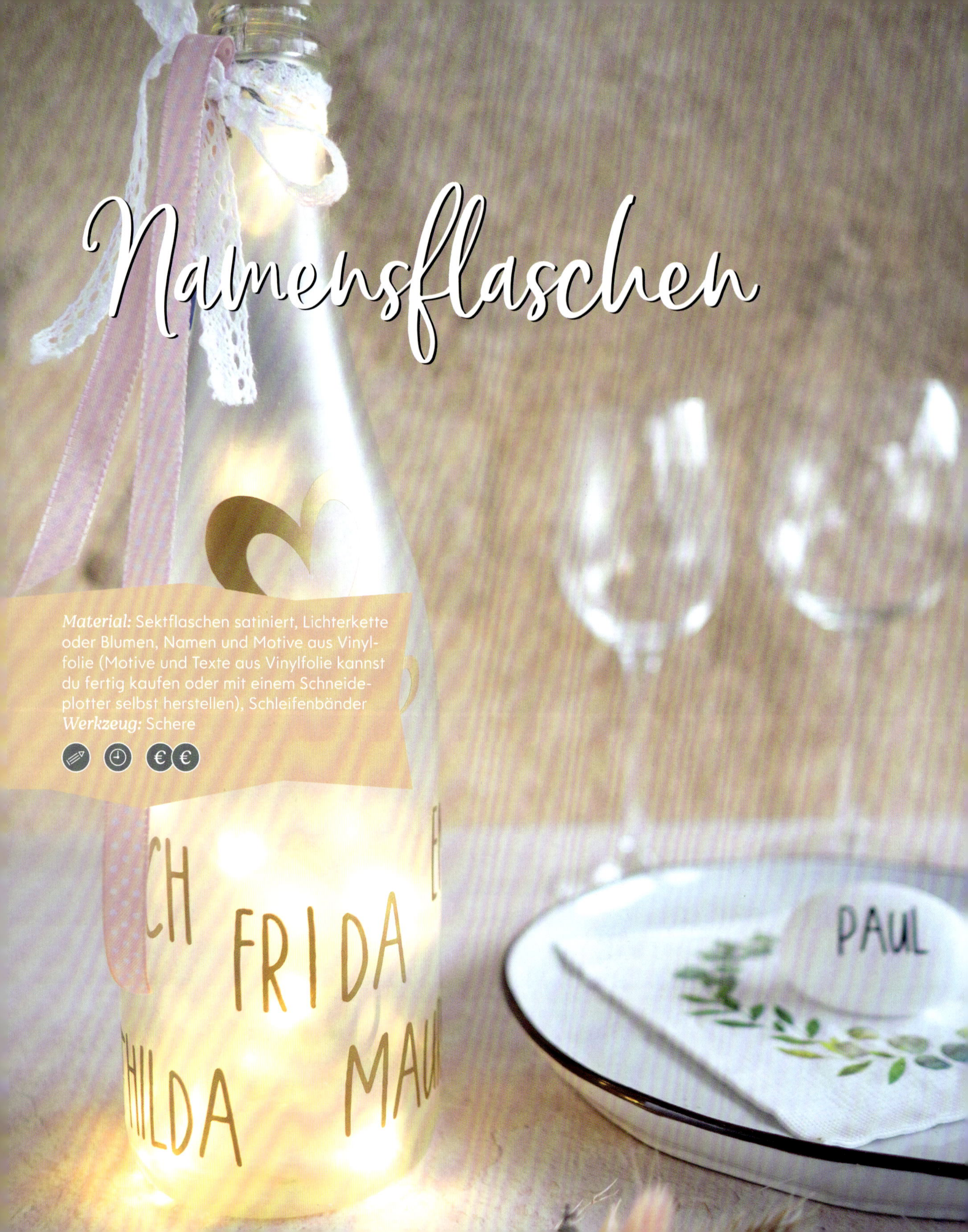

Material: Sektflaschen satiniert, Lichterkette oder Blumen, Namen und Motive aus Vinylfolie (Motive und Texte aus Vinylfolie kannst du fertig kaufen oder mit einem Schneideplotter selbst herstellen), Schleifenbänder
Werkzeug: Schere

€€

Lichtquelle und Wegweiser in einem sind diese hübschen Namensflaschen. Eure Gäste finden so nicht nur ihren richtigen Tisch; mit Blumen oder Lichterkette erfüllen die Flaschen gleich noch einen zweiten Zweck.

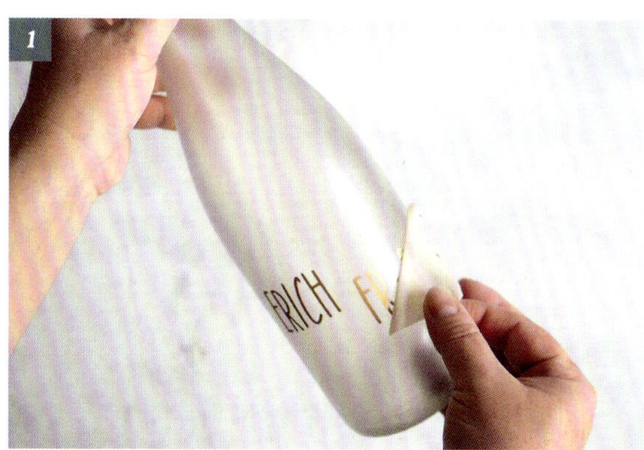

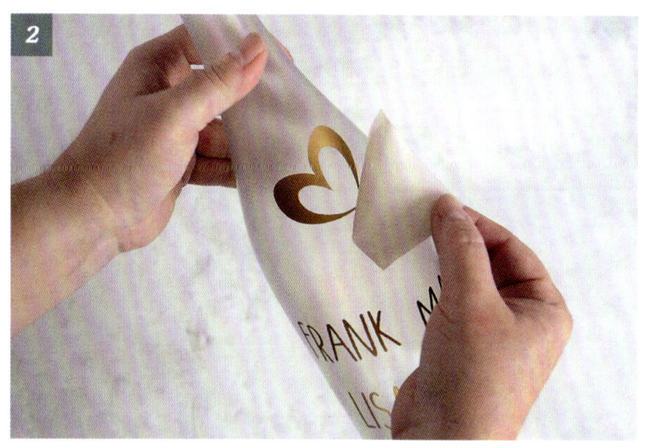

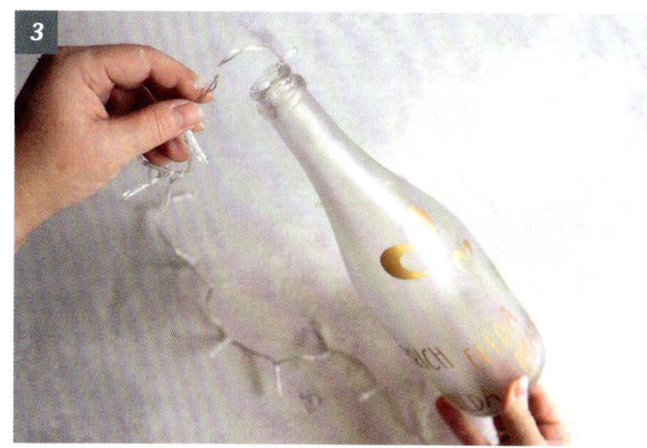

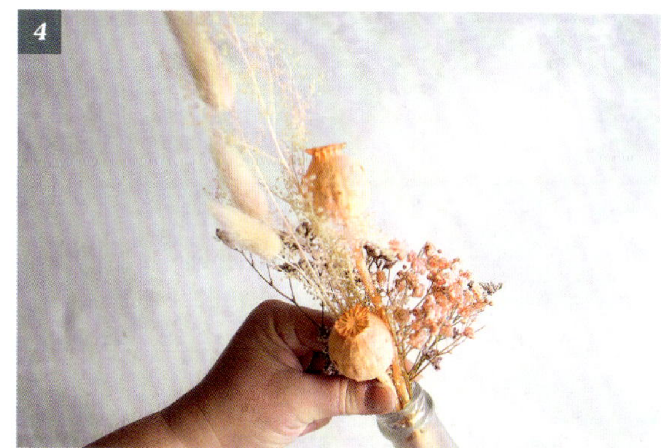

1. Entferne alle Etiketten und klebe deine Motive auf die gereinigte Flasche.

2. Neben den Namen eurer Gäste kannst du auch weitere Motive, wie kleine Herzchen, aufkleben.

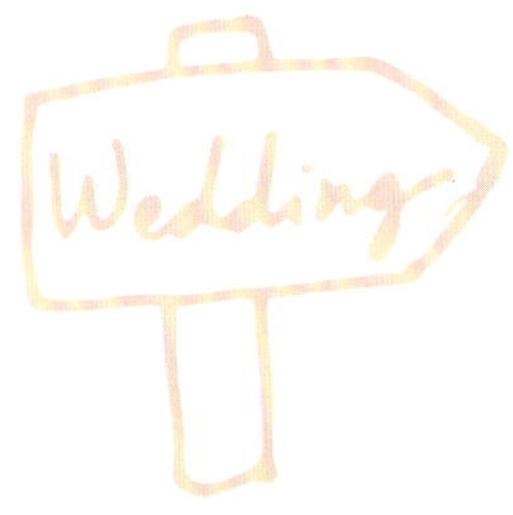

3. Stecke die Lichterkette in die Flasche. Achte beim Kauf der Lichterketten darauf, dass diese ein kleines Batteriefach haben, das du gut hinter Schleifenbändern verstecken kannst.

4. Entscheidest du dich, die Namensflaschen als Vasen zu verwenden, arrangiere deine Lieblingsblumen – dabei ist ganz egal ob Trocken- oder Frischblumen.

Namenssteine

PAUL

Material: Gießform Kieselsteine, Raysinpulver, Wasser, Namen aus Vinylfolie (Motive und Texte aus Vinylfolie kannst du fertig kaufen oder mit einem Schneideplotter selbst herstellen)
Werkzeug: Gipsbecher, Spatel

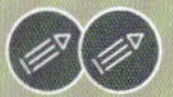  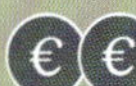

*Namenskärtchen aus Papier kann jede*r – wie wäre es mit Namenssteinchen? Dabei könnt ihr euch in der Natur auf die Suche nach den schönsten Steinen begeben oder aber eure eigenen Steine gießen – ob aus Beton oder Raysin, ist dabei ganz egal.*

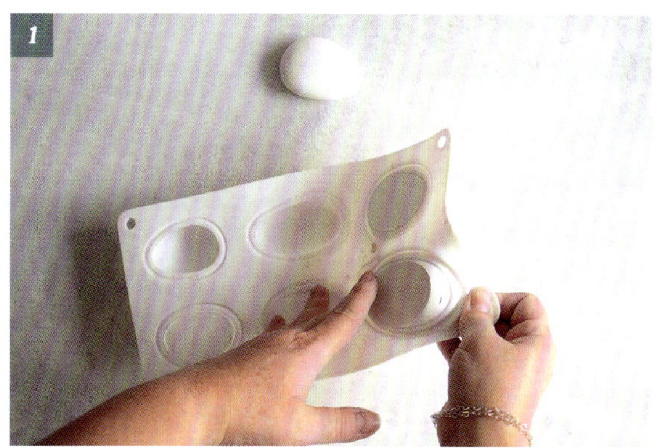

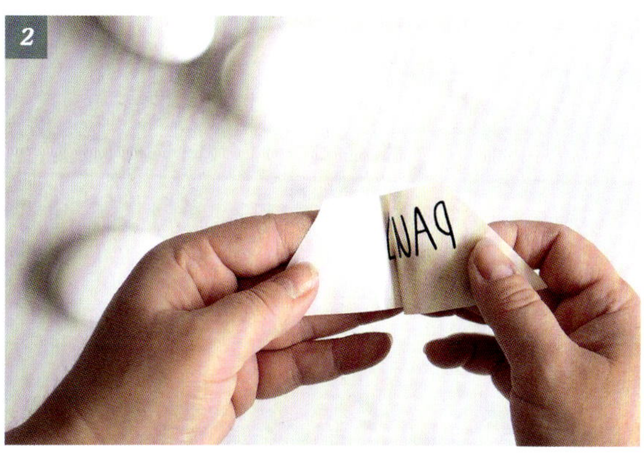

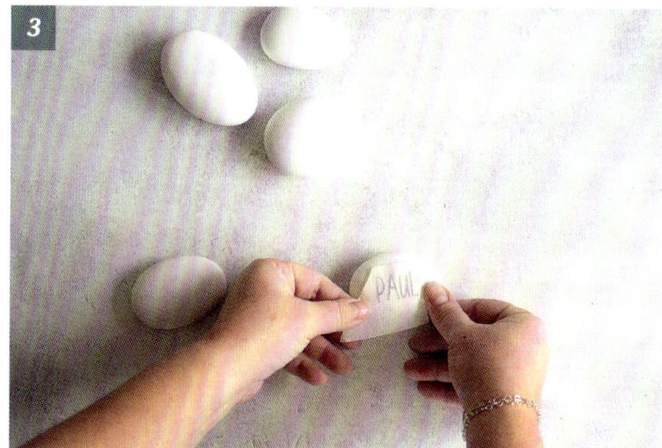

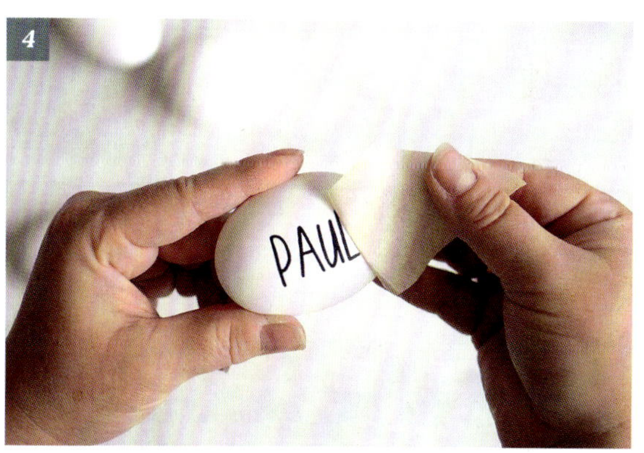

1. Das Raysinpulver rührst du im auf der Verpackung angegebenen Mischungsverhältnis im Gipsbecher an und füllst es in die Silikonform. Lass die Masse ein paar Stunden in der Form und löse die Steine dann heraus. Bevor du die Steinchen mit deinen Motiven bekleben kannst, müssen sie komplett durchgetrocknet sein, sonst hält die Folie nicht. Trocken ist das Material, wenn es Raumtemperatur angenommen hat und sich nicht mehr feucht anfühlt. Das kann durchaus ein paar Tage dauern.

2. Löse dein Motiv vom Trägermaterial. Die Buchstaben haften jetzt am Übertragungspapier, d.h. du kannst das Motiv jetzt aufkleben.

3. Klebe das Motiv nun auf deinen Stein und streiche es schön fest.

4. Löse dann vorsichtig das Übertragungspapier. Dein Motiv bleibt auf dem Stein. Wenn jeder Gast seinen Namensstein mitnehmen darf, bleibt ihm so eine hübsche Erinnerung an euren Hochzeitstag.

Namenshäuser

PAUL MATHILDA
ERICH EMMA
MAURICE FRIEDA

Material: Sperrholzplatte (ca. 0,8 cm dick), Kreidefarbe, Namen aus Vinylfolie (Motive und Texte aus Vinylfolie kannst du fertig kaufen oder mit einem Schneideplotter selbst herstellen), Schleifenbänder, Streuherzen, Ministaffelei
Werkzeug: Pinsel, Heißkleber

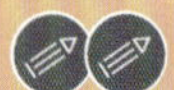 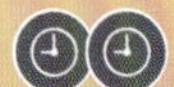 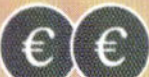

Holztafeln oder Holzschilder auf den Hochzeitstischen weisen den Gästen ihren Weg. Diese Holztafeln könnt ihr natürlich auch in anderen Formen realisieren, ob als Holztags oder wie hier als kleine Holzhäuschen. Auf einer kleinen Staffelei brauchen sie wenig Platz und sind hübsch anzuschauen.

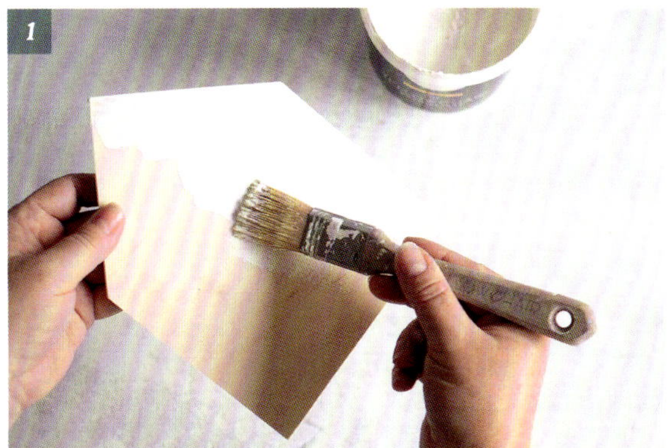

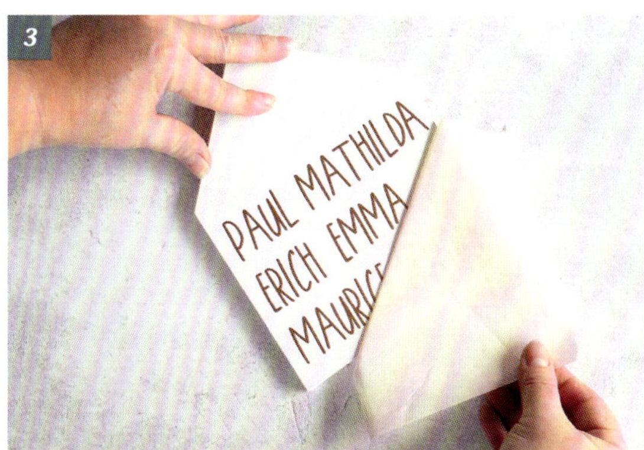

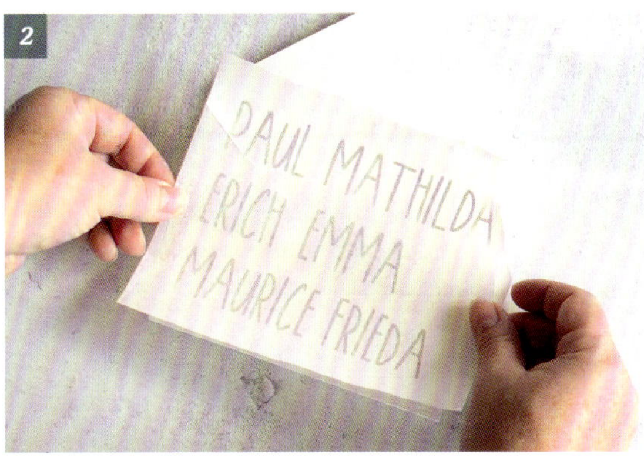

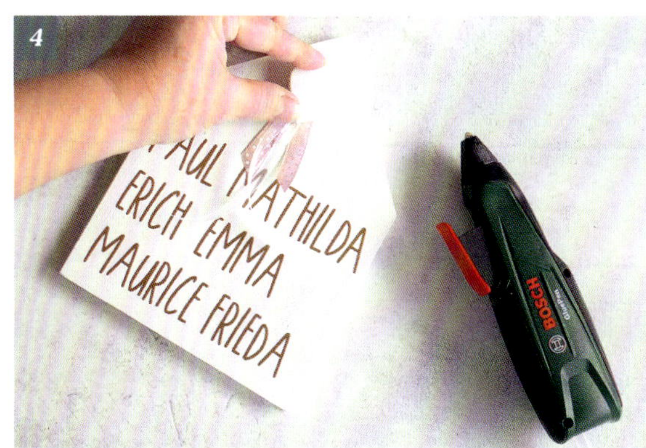

1. Säge dir deine Sperrholzplatte in die Form eines Häuschens. Streiche das Häuschen in deiner Lieblingsfarbe. Diese sollte einen guten Kontrast zu deiner Vinylfolie haben. Lass die Farbe gut durchtrocknen.

2. Übertrage das Motiv – also die Namen deiner Gäste – auf dein Holzhäuschen …

3. … und ziehe das Übertragungspapier vorsichtig ab. Du kannst die Namen natürlich auch in Letteringform per Hand auftragen.

4. Verzieren kannst du dein Häuschen jetzt noch mit diversen Schleifenbändern und Streuteilen – ich habe hier ein kleines Herzchen und Bänder mit Heißkleber fixiert.

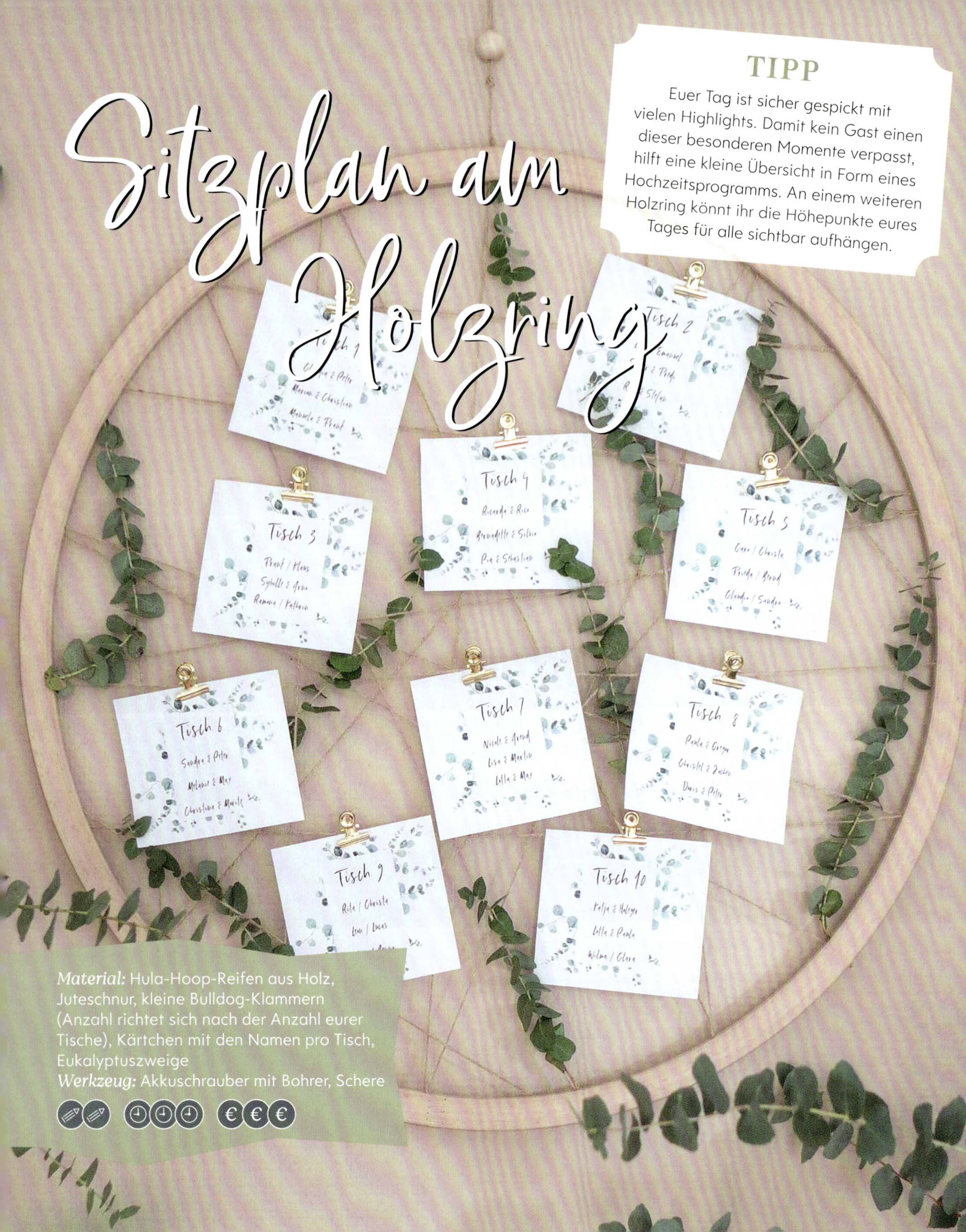

Sitzplan am Holzring

TIPP

Euer Tag ist sicher gespickt mit vielen Highlights. Damit kein Gast einen dieser besonderen Momente verpasst, hilft eine kleine Übersicht in Form eines Hochzeitsprogramms. An einem weiteren Holzring könnt ihr die Höhepunkte eures Tages für alle sichtbar aufhängen.

Material: Hula-Hoop-Reifen aus Holz, Juteschnur, kleine Bulldog-Klammern (Anzahl richtet sich nach der Anzahl eurer Tische), Kärtchen mit den Namen pro Tisch, Eukalyptuszweige
Werkzeug: Akkuschrauber mit Bohrer, Schere

Eine Hochzeitsgesellschaft kommt in der Form meist zum ersten Mal zusammen. Menschen, die sich schon viele Jahre kennen, treffen auf Menschen, die sie noch nie gesehen haben. Da ist die Sitzordnung manchmal eine kleine Herausforderung. Ihr habt es geschafft? Dann müssen nur noch eure Gäste erfahren, was ihr euch da ausgedacht habt. Vielleicht mit diesem hübschen Holzring?

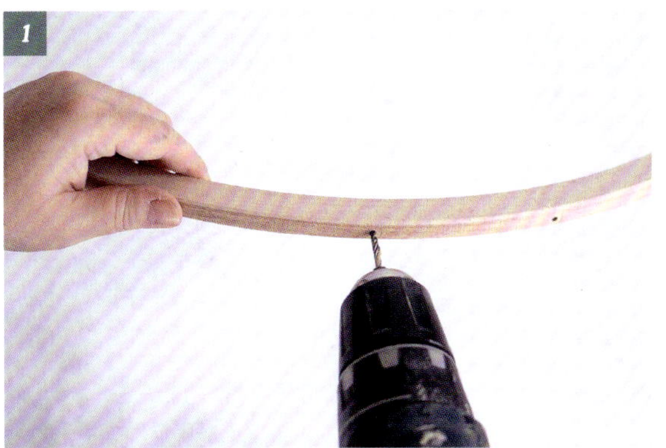

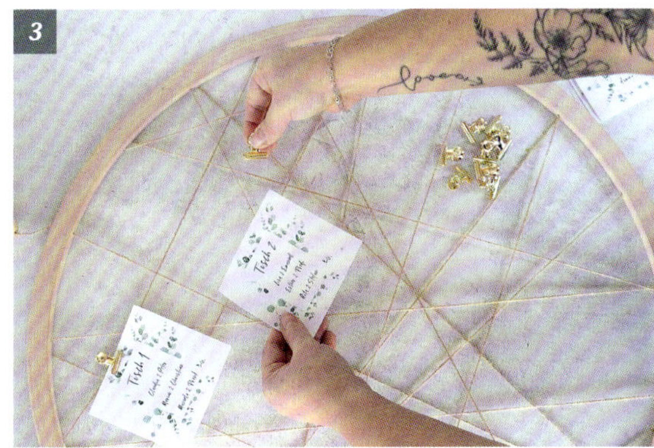

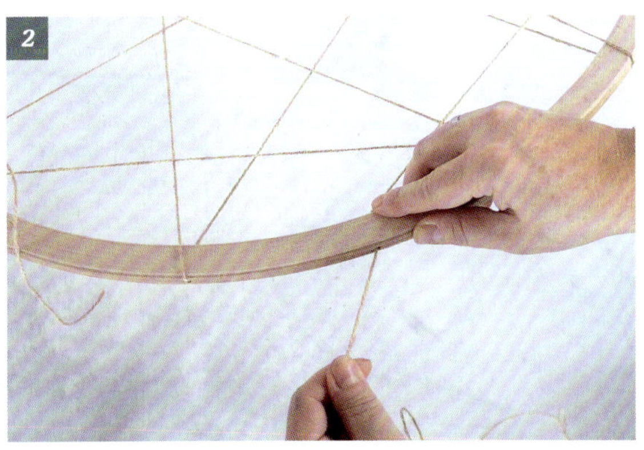

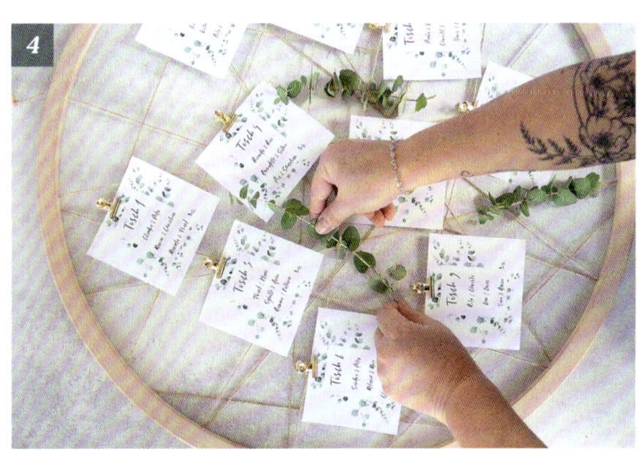

1. Als Erstes bohrst du kleine Löcher in den Holzring. Ich habe zwischen den Löchern ca. 10 cm Abstand gelassen.

2. Die Löcher müssen so groß sein, dass du eine Juteschnur durchfädeln kannst. Spanne die Schnur kreuz und quer von Loch zu Loch – bis kein Loch mehr übrig ist. Achtung: Du brauchst hier eine sehr lange Schnur – das unterschätzt man gern. Nach dem letzten Loch formst du die Schnur zu einer Schlaufe und verknotest sie.

3. Mit kleinen goldenen Bulldog-Klammern befestigst du jetzt eure Tischkärtchen. Diese kannst du am PC erstellen. Ich habe die Tischnummer und die jeweiligen Namen aufgedruckt.

4. In die Zwischenräume drapierst du noch ein paar Eukalyptuszweige. Den Ring platzierst du am Eingang eurer Location – schon wissen eure Gäste, an welchem Tisch sie sitzen und wer ihre Tischnachbarn sind.

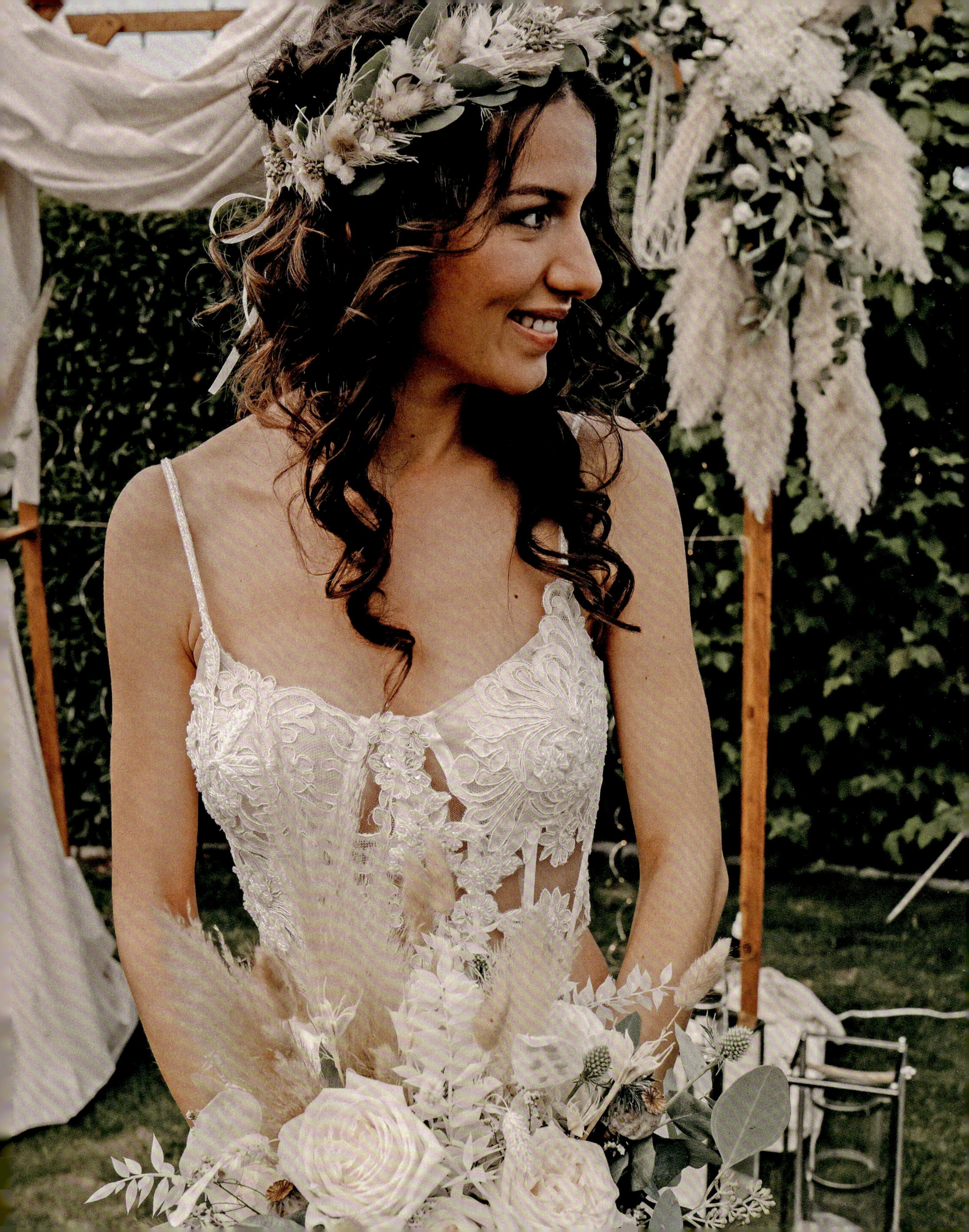

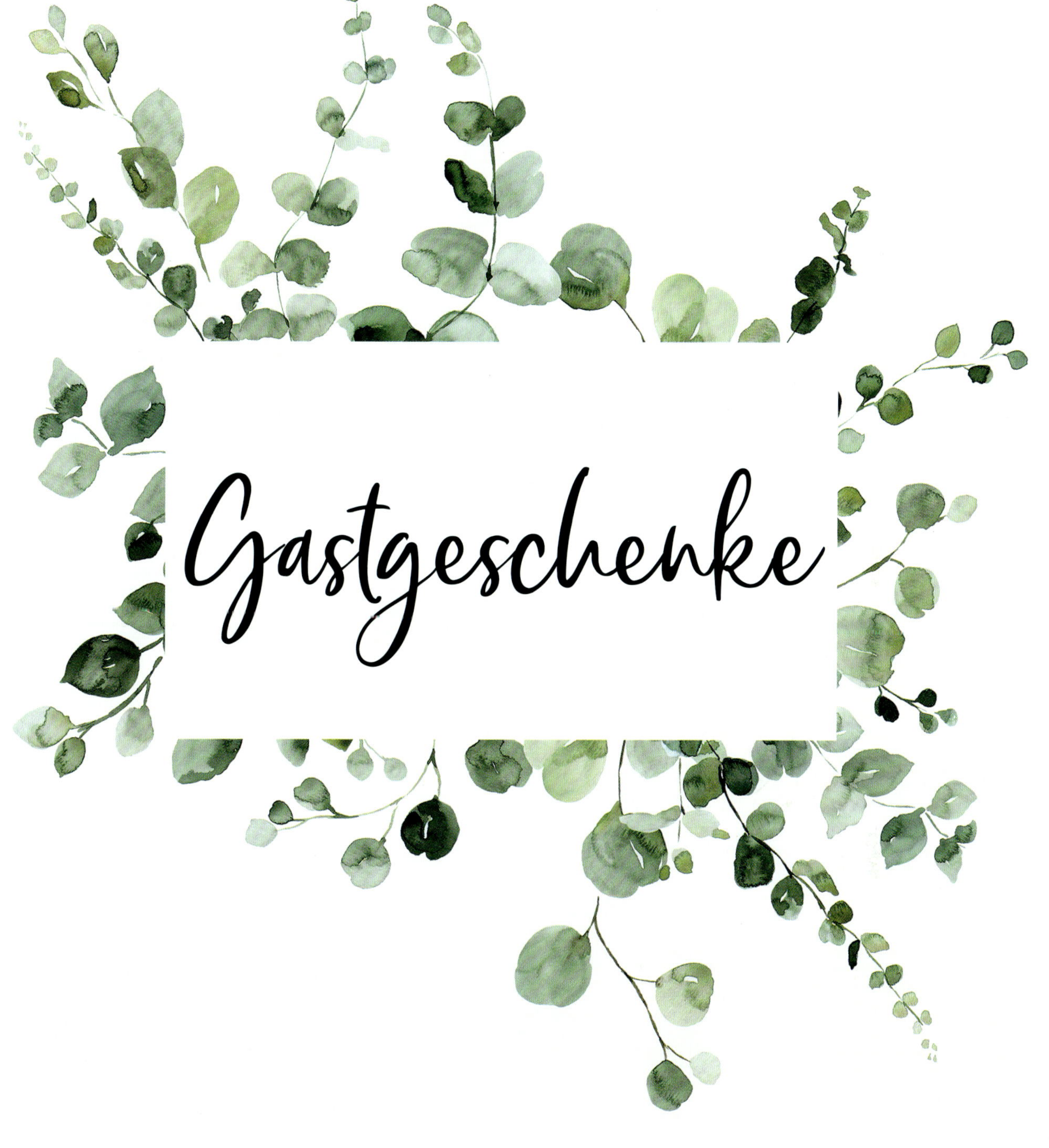
Gastgeschenke

Hochzeitsmandeln

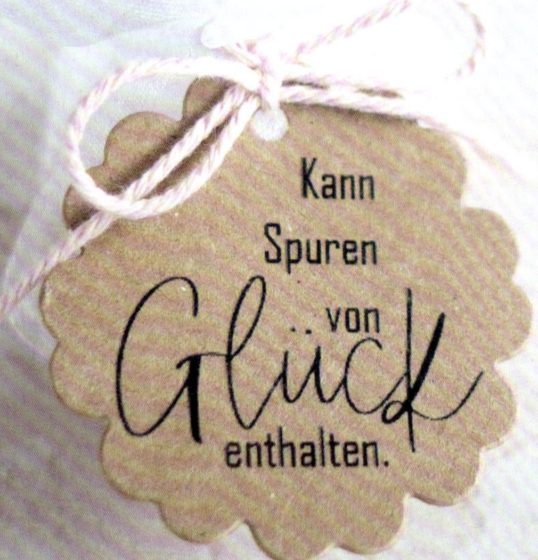

TIPP

Sich mit einem kleinen Geschenk bei seinen Gästen zu bedanken, ist eine wunderschöne Tradition. Für den Fall, dass ihr Blumen liebt, kleinen Nützlingen helfen wollt oder die Welt lieber bunter seht, sind kleine Tütchen mit Blumensamen auch eine hübsche Idee. Bittet eure Gäste, die Samen für euch auszusäen und Liebe blühen zu lassen.

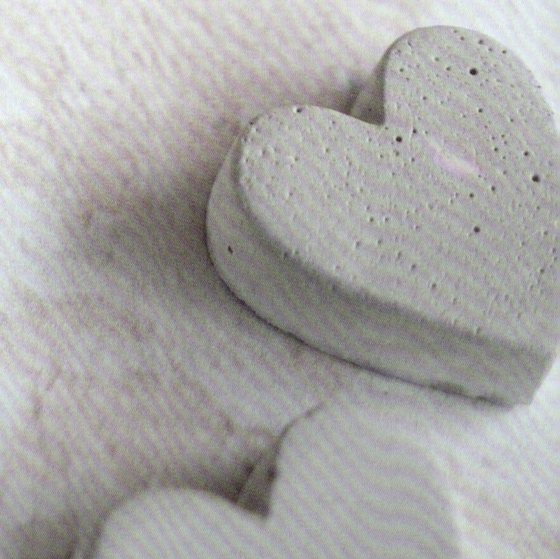

Material: Tags, Stempel mit Spruch, Tüllkreise, Hochzeitsmandeln, Schleifenbänder
Werkzeug: Schere

Glück, Wohlstand, Gesundheit, Fruchtbarkeit und ein langes Leben – fünf Wünsche für das Hochzeitspaar. Symbolisch hierfür stehen fünf Hochzeitsmandeln, die den Hochzeitsgästen oft als kleines Gastgeschenk mitgegeben werden. Ein schöner Brauch mit langer Tradition. Sicher freuen sich auch eure Gäste über diese kleine Aufmerksamkeit.

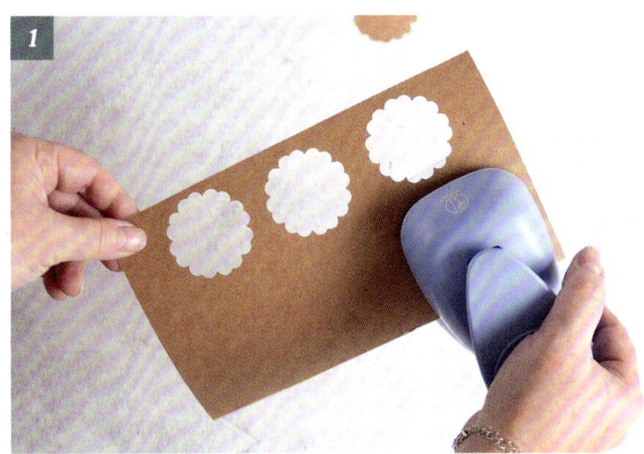

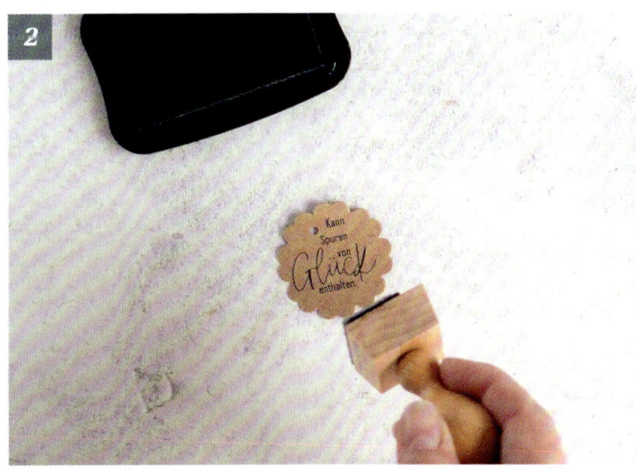

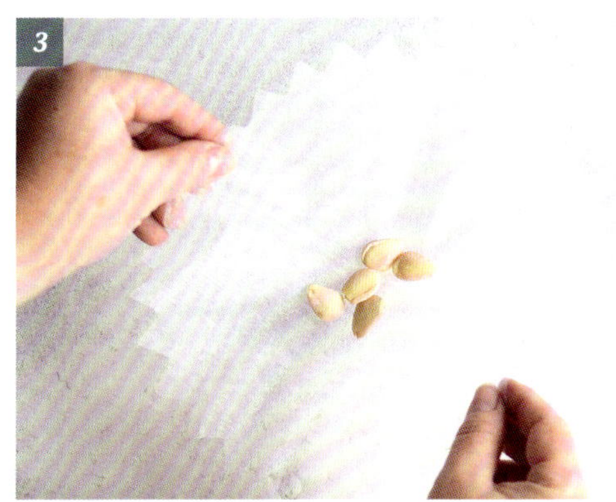

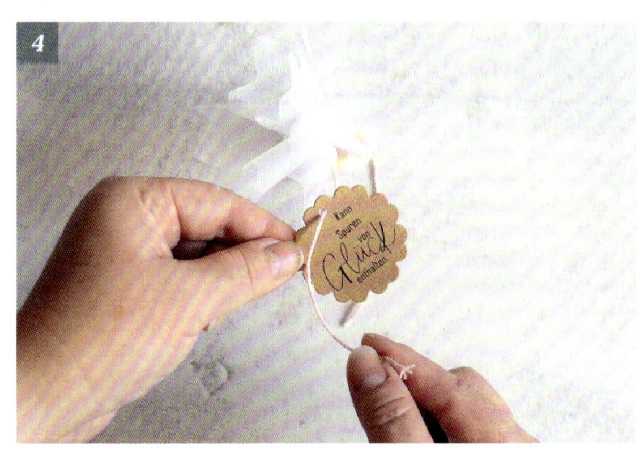

1. Tags mit verschiedenen Sprüchen gibt es im Internet zu kaufen. Natürlich kannst du sie auch selbst herstellen. Alles, was du dafür brauchst, ist ein Motivstanzer für den Tag und den passenden Stempel. Stanze die kleinen Tags zuerst mit einem Stanzer aus ...

2. ... und stempele deinen Wunschspruch darauf. Stempel mit verschiedenen Sprüchen gibt es ebenfalls im Internet.

3. Deine Hochzeitsmandeln legst du auf einen Tüllkreis und bindest ihn zu einem Säckchen zusammen.

4. Befestige den kleinen Tag jetzt an dem Tüllsäckchen und binde ein hübsches Schleifchen.

Sekt

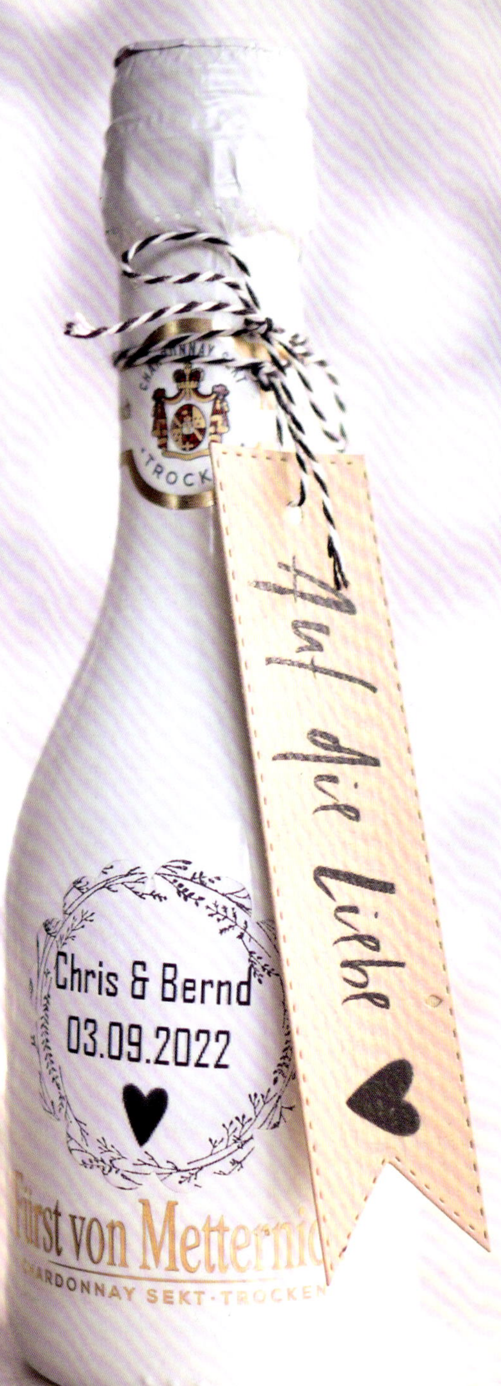

TIPP

Dieses kleine Geschenk kann natürlich in jeder Form abgewandelt werden. Auch kleine Schnäpse überbringen liebevoll und mit einer Prise Humor die Botschaft, dass ihr den Bund der Ehe eingegangen seid. Darauf kann man wirklich anstoßen. „We tied the knot. Now take a shot!"

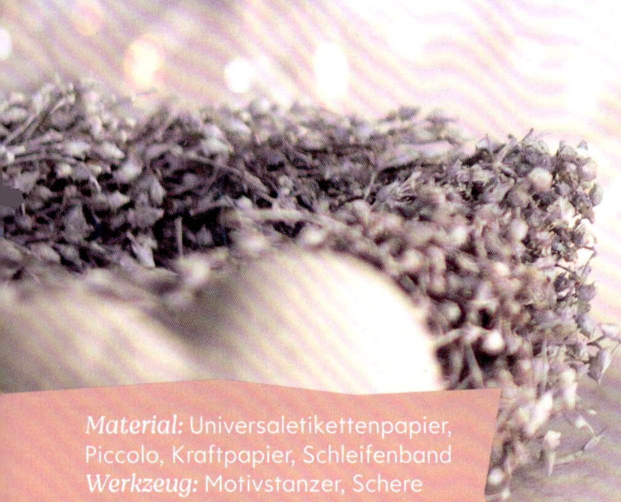

Material: Universaletikettenpapier, Piccolo, Kraftpapier, Schleifenband
Werkzeug: Motivstanzer, Schere

   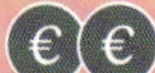

Wer von klassischen Hochzeitsmandeln nicht begeistert ist, für den ist eine hübsch gestaltete Piccoloflasche die edle Alternative.

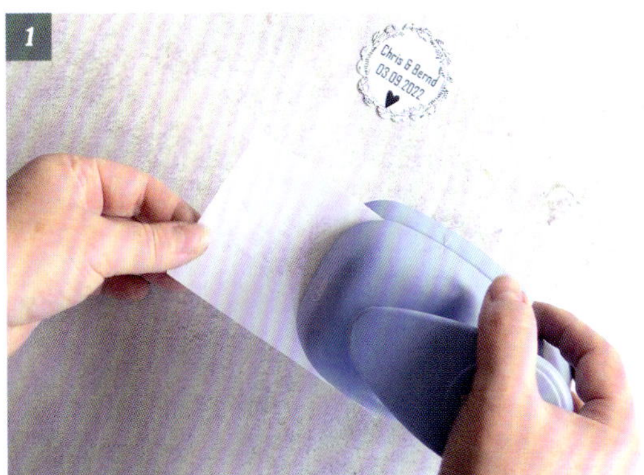

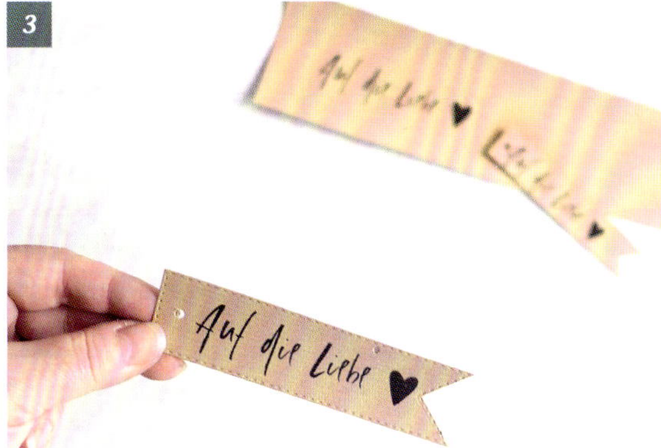

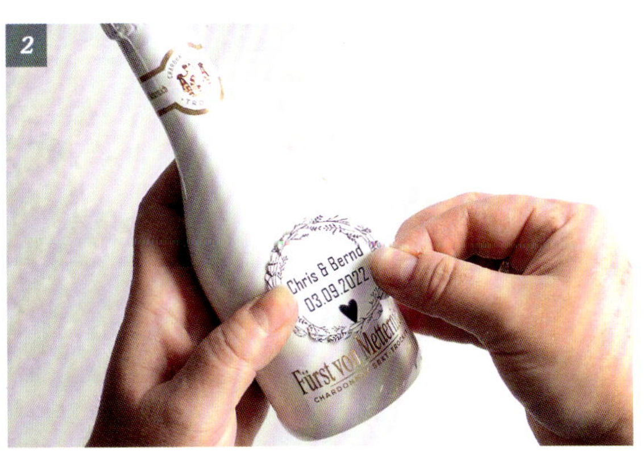

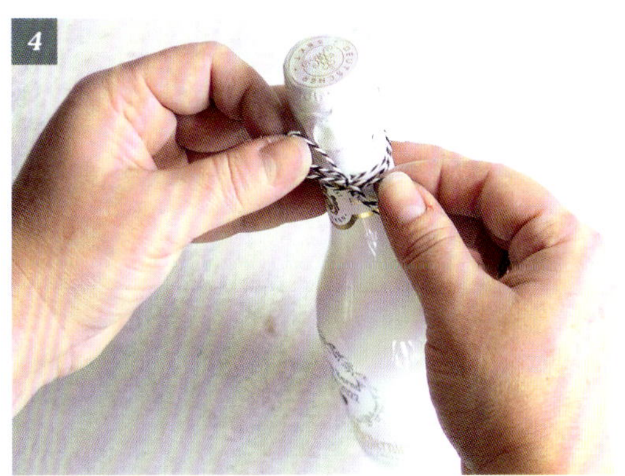

1. Gestalte am Rechner ein Label mit euren Namen, dem Hochzeitsdatum, Blumenkränzen etc. und drucke es auf Universaletikettenpapier aus. Stanze es dann mit einem Motivstanzer aus. Du kannst Stanzer mit glatter oder gewellter Außenkante verwenden.

2. Klebe dein gestaltetes Label jetzt auf eine Piccoloflasche. Im Getränkehandel gibt es eine große Auswahl in verschiedenen Farben. Ich habe mich hier für eine edle weiße Flasche mit Goldapplikationen entschieden.

3. Auf Kraftpapier druckst du euren Wunschspruch aus. Hier habe ich mich für „Auf die Liebe“ entschieden und ein kleines Herzchen angefügt. Schneide den Tag in die von dir gewünschte Form. Es gibt auch Stanzer oder Stanzschablonen für Stanzmaschinen, mit denen man Tags ganz einfach ausstanzen kann.

4. Mit einem hübschen Schleifenband bindest du deinen Tag jetzt an die Piccoloflasche, und eure Gäste können nach eurer Hochzeit in einem ruhigen Moment nochmals auf euch und euren besonderen Tag anstoßen. Prost!

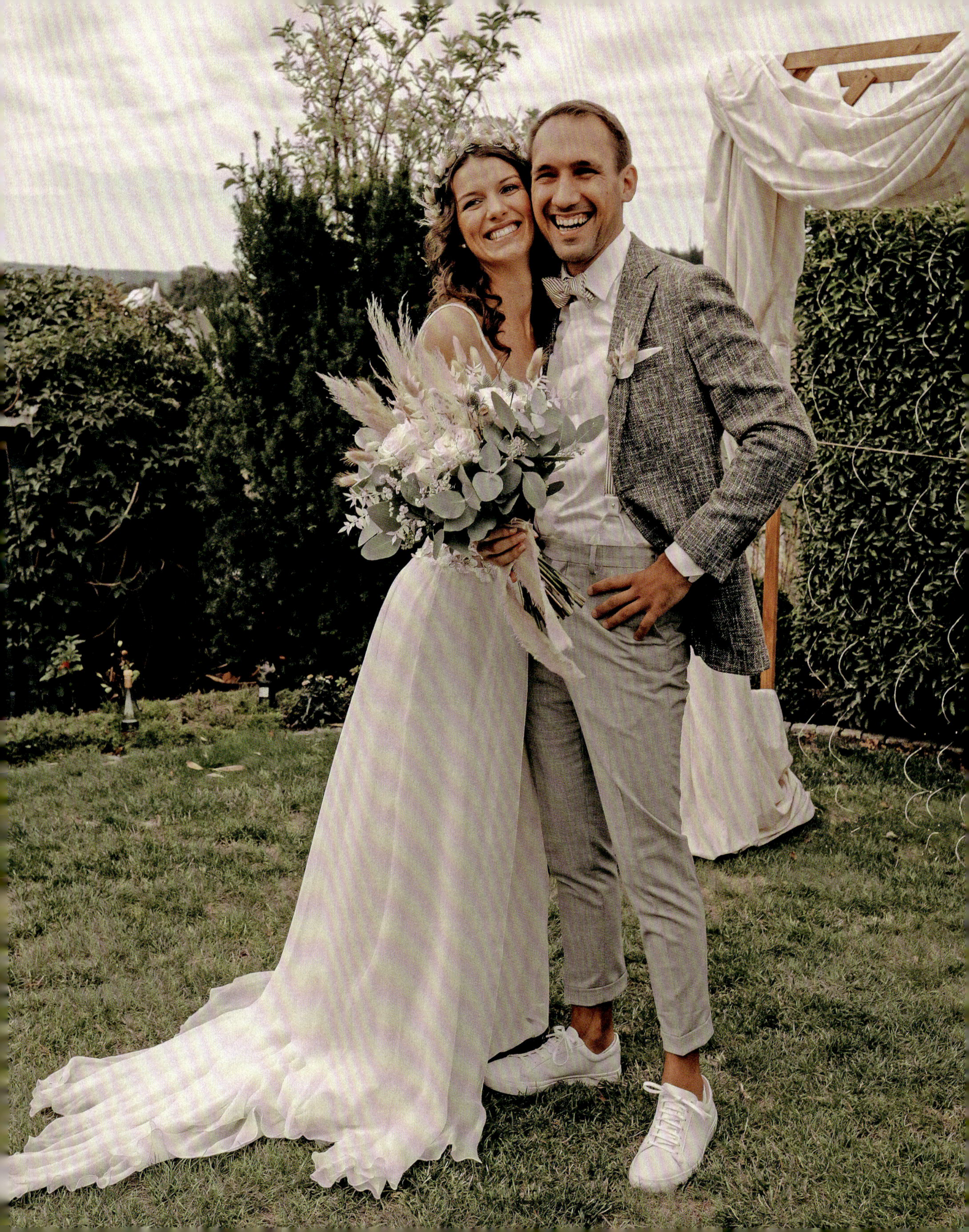

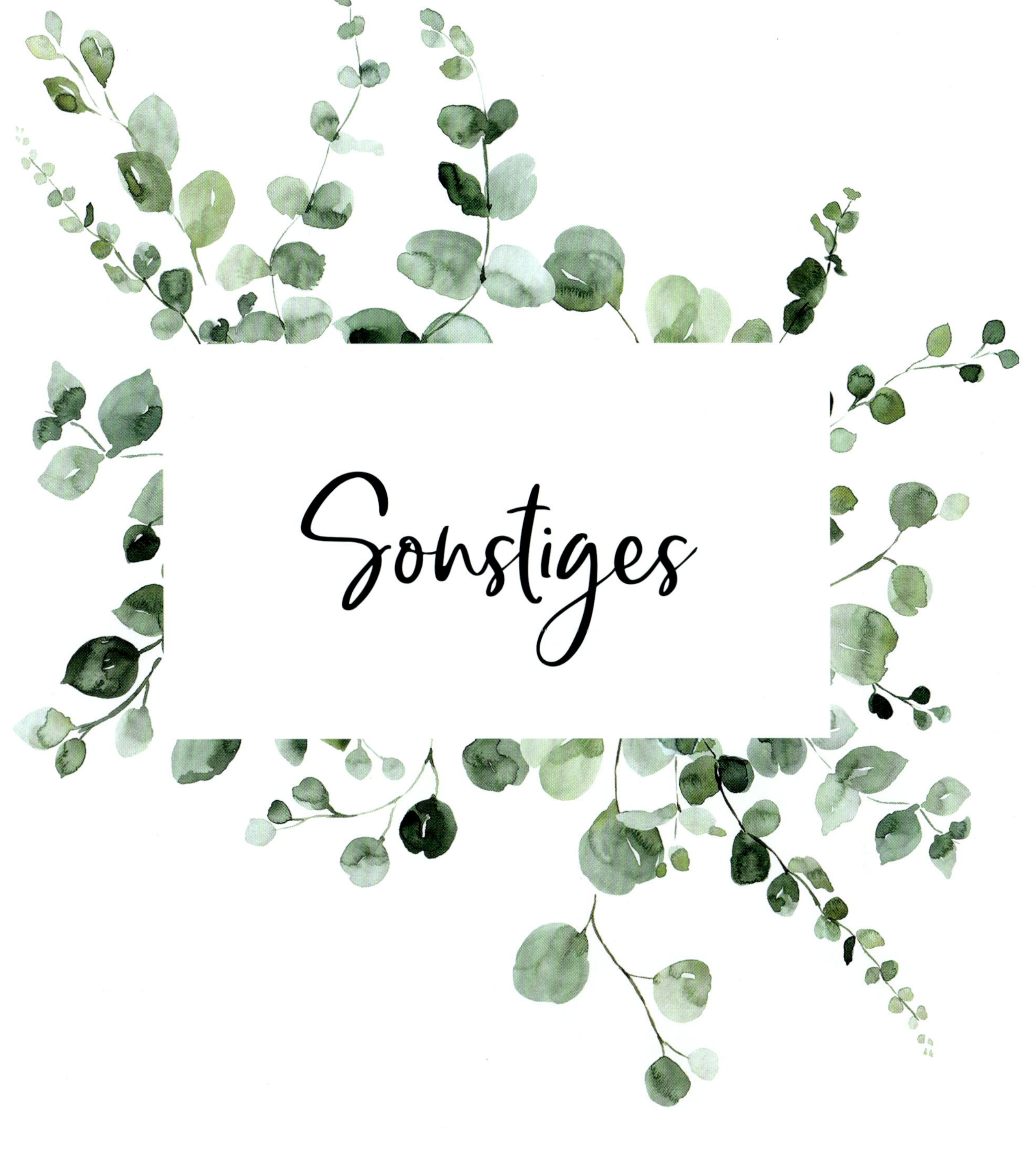

Sonstiges

Seifenblasen

Liebe liegt in der Luft

Material: Tags, z.B. Herz-Tags, Stempel, z.B. „Liebe liegt in der Luft“, Seifenblasen, Schnüre, Bänder, Schleifen- oder Spitzenband
Werkzeug: Stempelkissen, Stempelhilfe bei Bedarf

Ein wenig verspielt darf es ruhig sein. Und versprochen: Am Seifenblasenpusten haben nicht nur Kinder einen Riesenspaß. Schöne Fotos sind garantiert, wenn alle kräftig pusten, wenn das Brautpaar z.B. aus der Kirche oder dem Standesamt kommt.

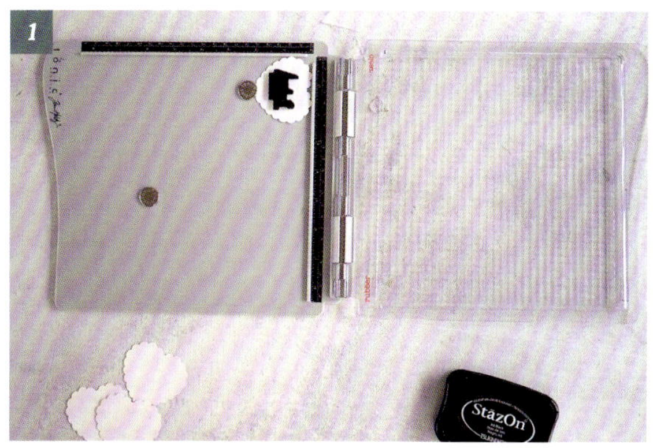

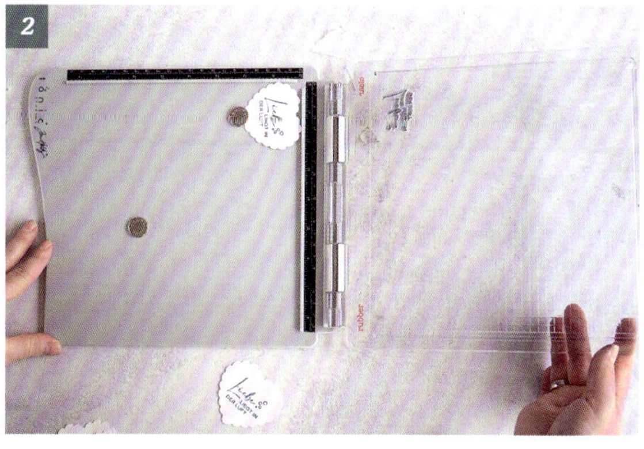

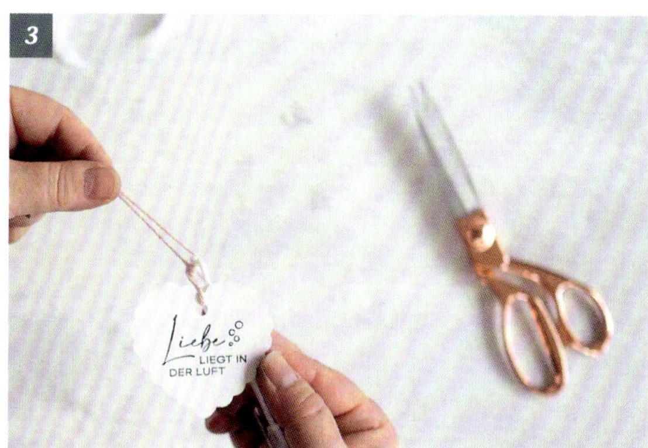

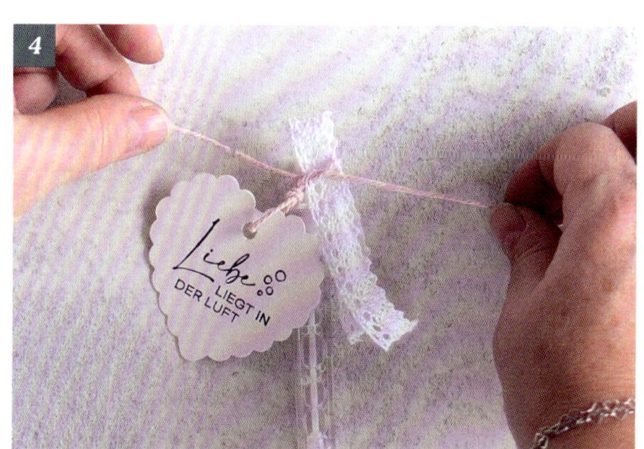

1. Lege deinen Herz-Tag auf die Stempelhilfe und platziere deinen Stempel.

2. Bringe mit dem Stempelkissen Farbe auf deinen Stempel auf. Klappe die Stempelhilfe zu. Der Stempel stempelt das Motiv auf die zuvor festgelegte Stelle.

3. Binde deine hübschen Herz-Tags jetzt an die Seifenblasen.

4. Mit Schleifen- oder Spitzenbändern kannst du weiter verzieren und deinen Seifenblasen z.B. einen verspielt-bunten oder romantisch-zarten Look verleihen.

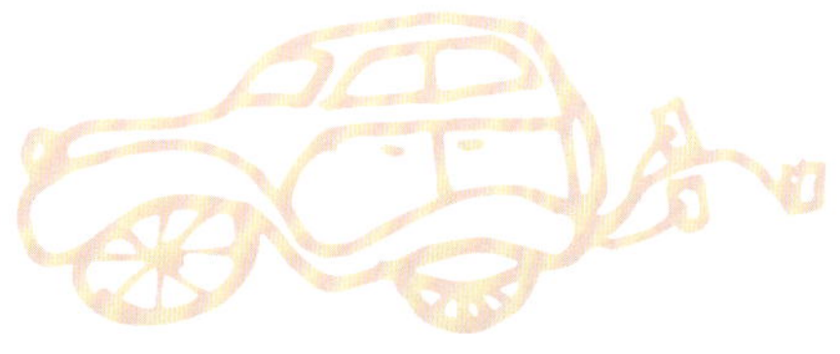

Autoschmuck

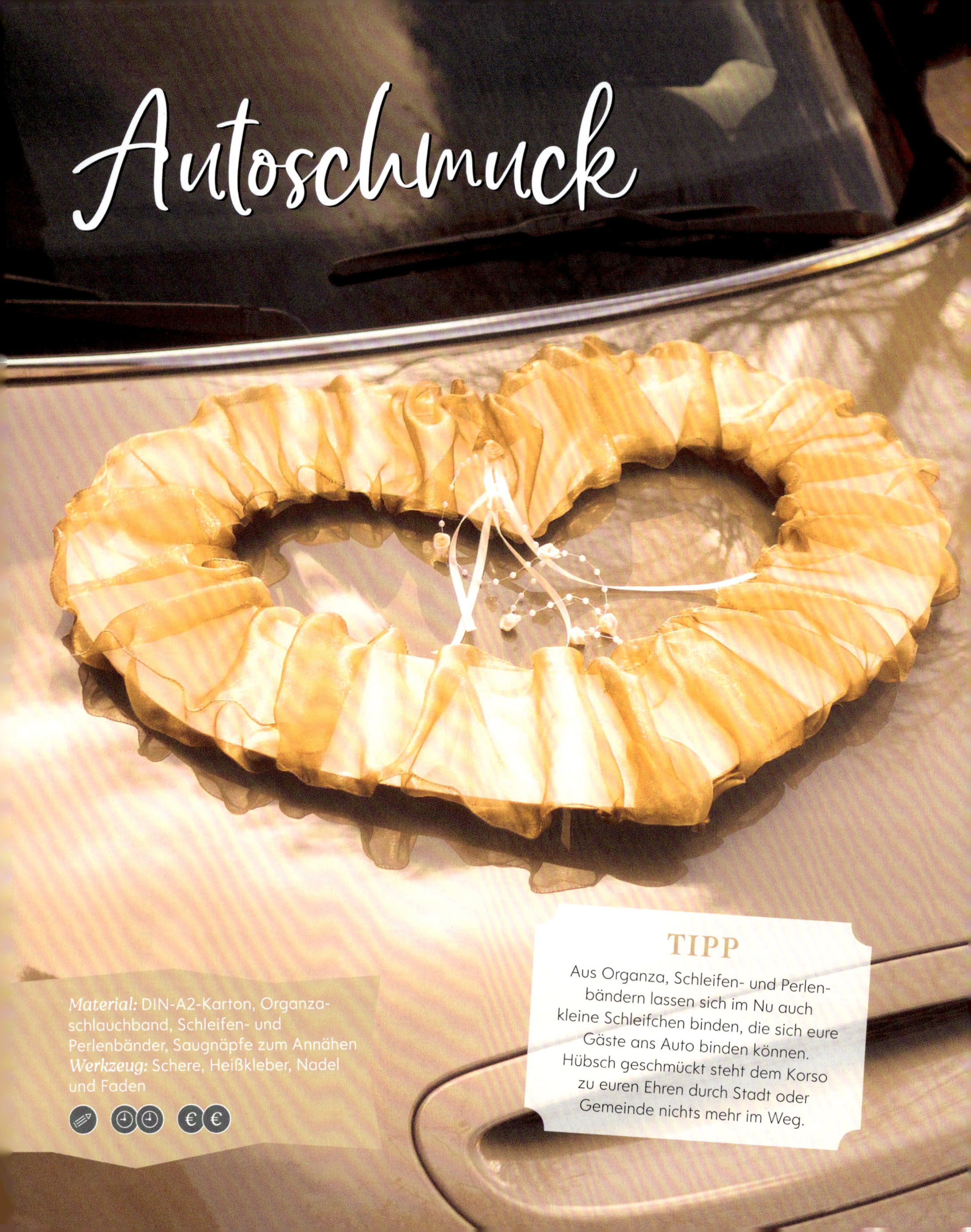

TIPP

Aus Organza, Schleifen- und Perlenbändern lassen sich im Nu auch kleine Schleifchen binden, die sich eure Gäste ans Auto binden können. Hübsch geschmückt steht dem Korso zu euren Ehren durch Stadt oder Gemeinde nichts mehr im Weg.

Material: DIN-A2-Karton, Organzaschlauchband, Schleifen- und Perlenbänder, Saugnäpfe zum Annähen
Werkzeug: Schere, Heißkleber, Nadel und Faden

  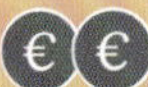

Schmuck an eurem Hochzeitsauto darf auf keinen Fall fehlen. Blumenschmuck ist aber oft sehr teuer. Für den kurzen Moment, den ihr im Auto sitzt, sind die Kosten vielleicht nicht immer gerechtfertigt. Eine preiswerte – aber nicht weniger schmückende – Alternative ist dieses Organzaherz.

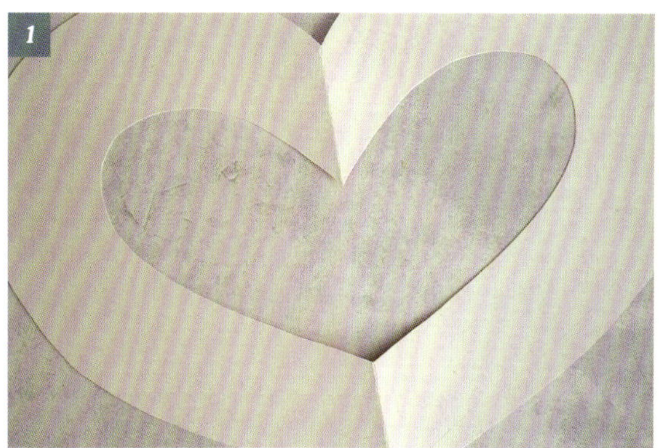

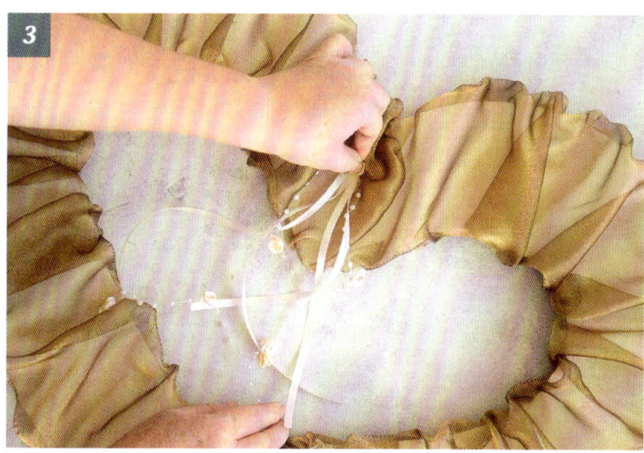

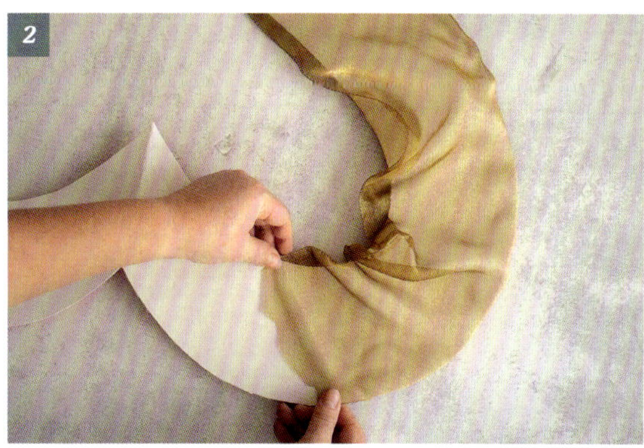

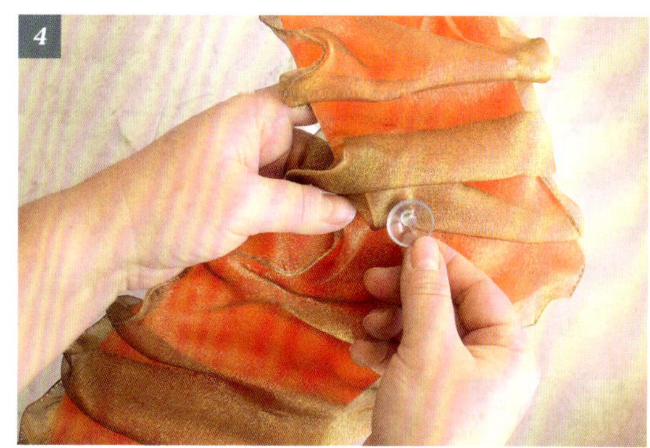

1. Skizziere auf deinem Karton die Hälfte eines großen Herzens. Knicke den Karton in der Mitte und schneide dein Herz aus. Parallel, mit einem Abstand von ca. 10 cm zur Außenkante, schneidest du in der Mitte ebenfalls ein Herz aus.

2. An der unteren Spitze des Herzens schneidest du den Karton durch, damit du den Organzaschlauch über das Herz ziehen kannst. Sei großzügig beim Material und raffe den Stoff schön dicht.

3. Perlen- und Schleifenbänder kannst du jetzt ganz nach deinem Geschmack anbringen. Nähe sie an oder klebe sie mit ausreichend Heißkleber gut fest.

4. Auf der Rückseite nähst du genügend Saugnäpfe an. Mit diesen Saugnäpfen kannst du dein Hochzeitsherz auf der Motorhaube eures Autos befestigen. Sie lassen sich leicht wieder lösen und beschädigen den Lack nicht.

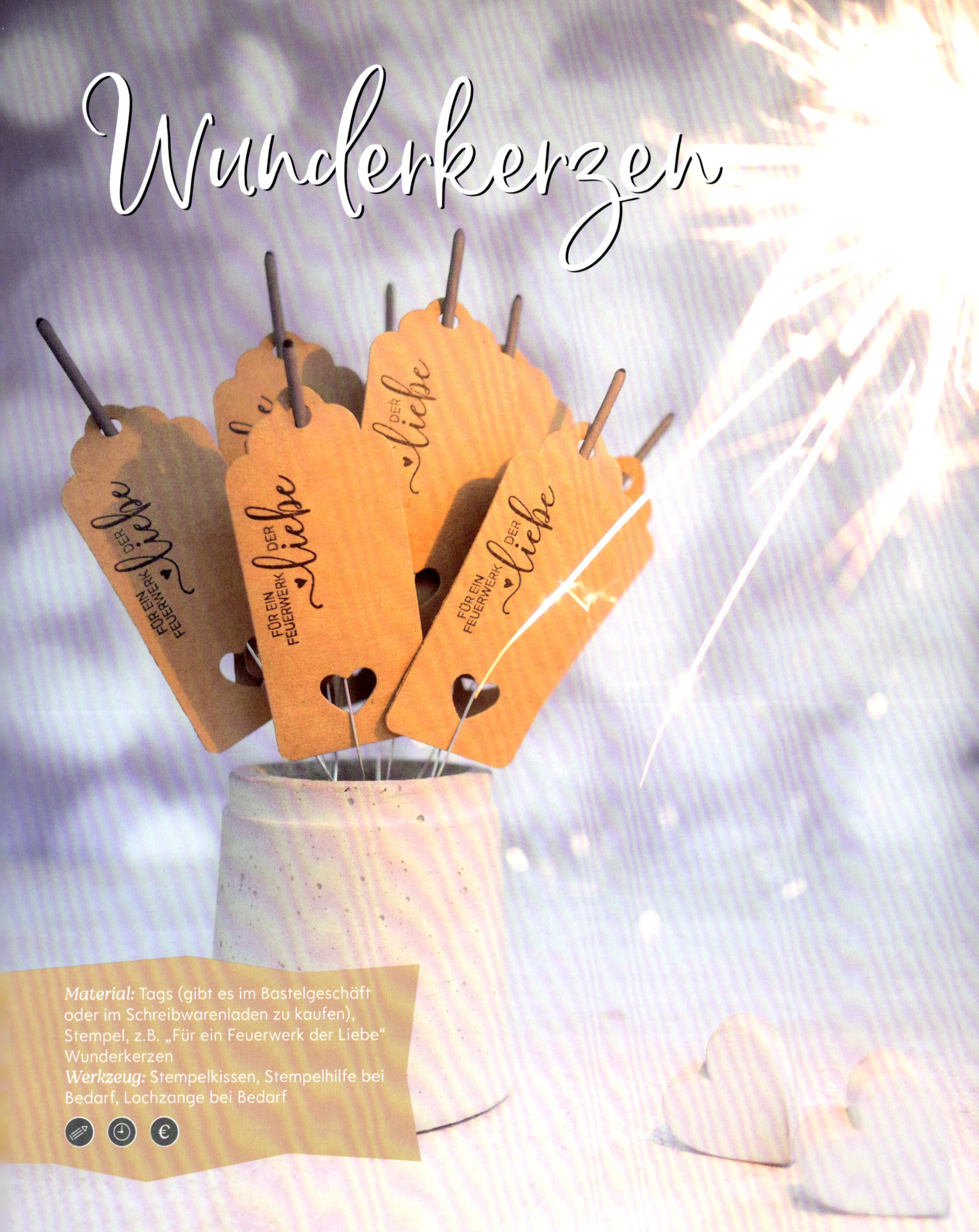
Wunderkerzen
Für ein Feuerwerk der Liebe
Material: Tags (gibt es im Bastelgeschäft oder im Schreibwarenladen zu kaufen), Stempel, z.B. „Für ein Feuerwerk der Liebe“ Wunderkerzen
Werkzeug: Stempelkissen, Stempelhilfe bei Bedarf, Lochzange bei Bedarf

Jede Hochzeit verdient ein Feuerwerk – zumindest ein kleines – und mancher Programmpunkt verdient es auch, besonders in Szene gesetzt zu werden. Stellt euren Gästen doch diese Funkensprüher bereit, die dann bei euren Hochzeits-Highlights zum Einsatz kommen – sei es beim Anschnitt der Hochzeitstorte oder beim Hochzeitstanz.

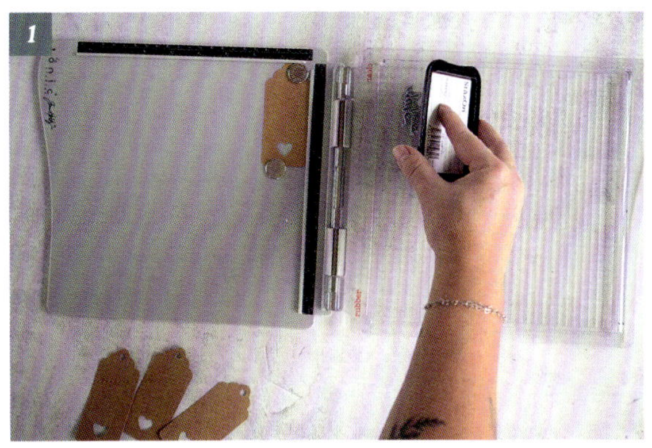

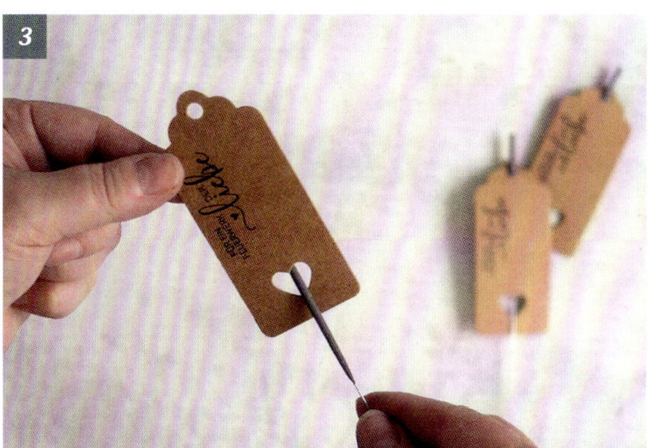

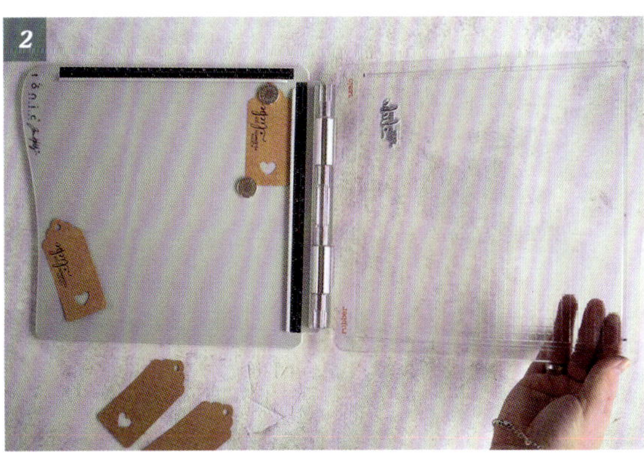

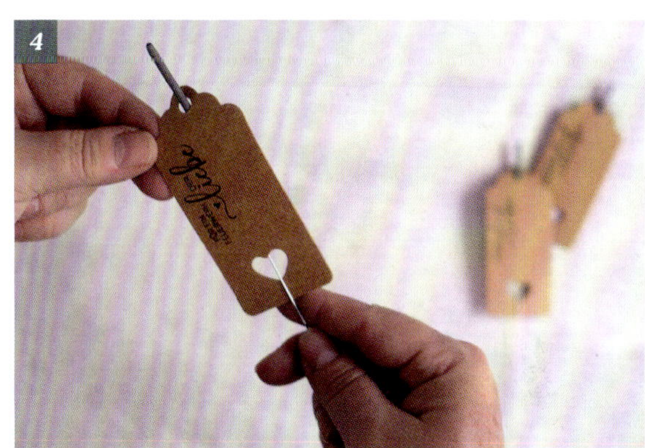

1. Lege deinen Tag auf die Stempelhilfe und platziere deinen Stempel. Bringe mit dem Stempelkissen Farbe auf den Stempel auf.

2. Klappe die Stempelhilfe zu. Der Stempel stempelt das Motiv auf die zuvor festgelegte Stelle.

3. Meine Tags hatten bereits zwei Ausstanzungen; eine unten in Herzform und eine als Loch oben. Für den Fall, dass deine Tags noch keine Löcher haben, oder du sie mit einer Stanze oder einem Motivstanzer selbst ausgestanzt hast, kannst du entsprechende Löcher mit einer Lochzange setzen.

4. Fädle eine Wunderkerze durch die beiden Löcher in den Tag. Lasst Funken sprühen!

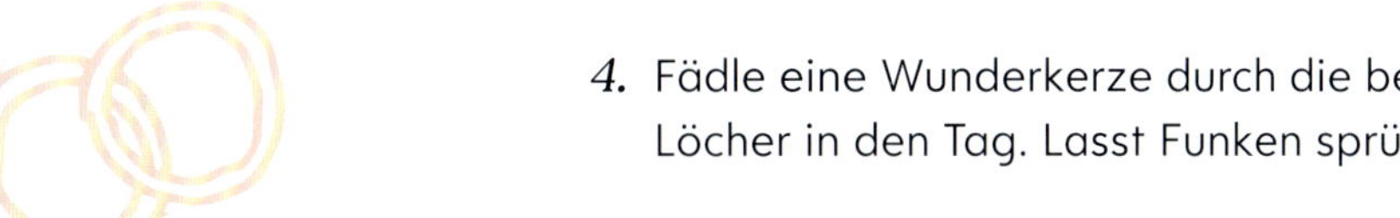

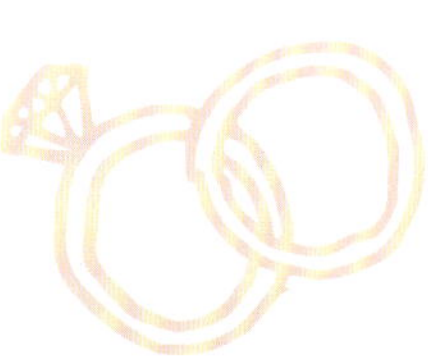

Fächer

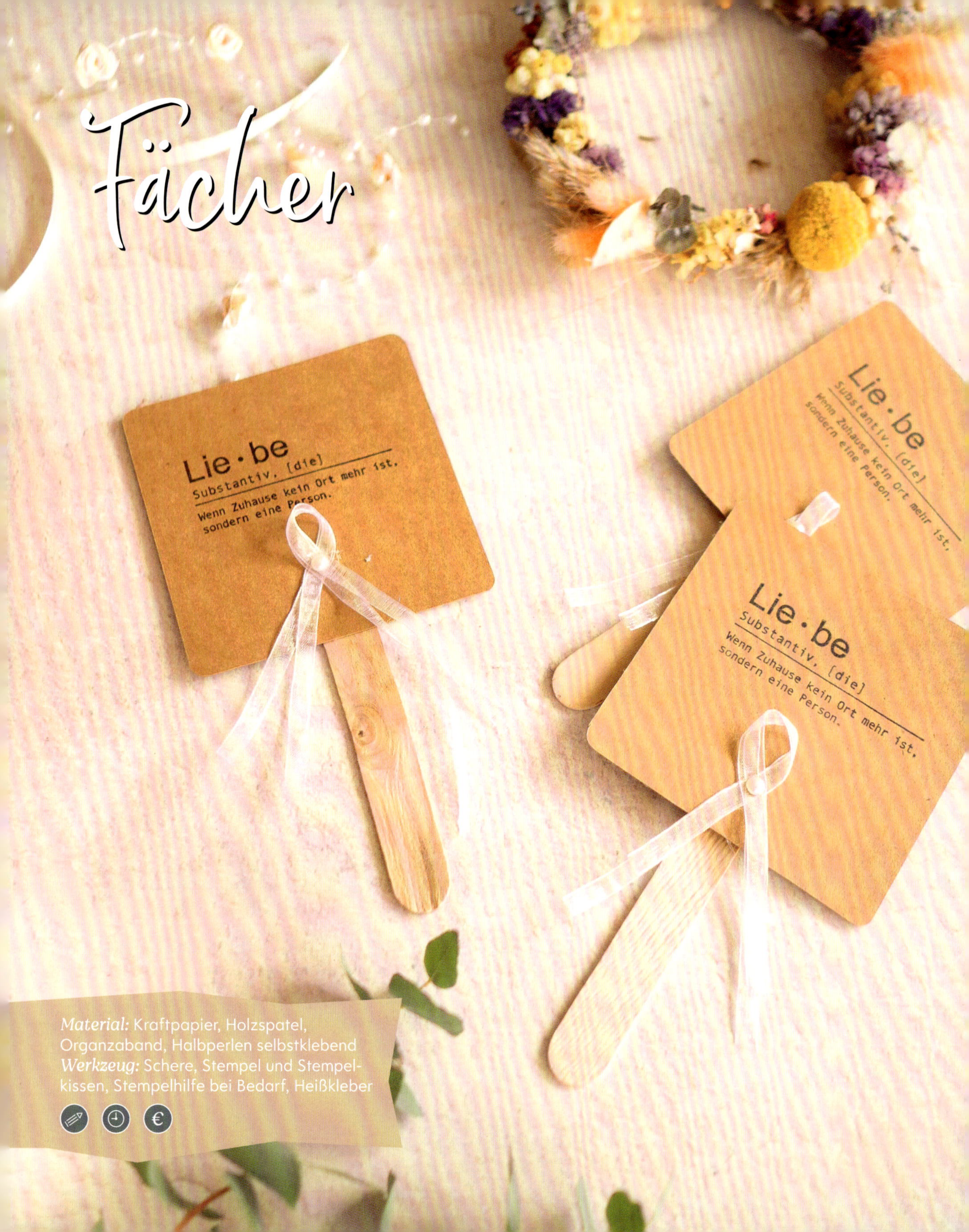

Material: Kraftpapier, Holzspatel, Organzaband, Halbperlen selbstklebend
Werkzeug: Schere, Stempel und Stempelkissen, Stempelhilfe bei Bedarf, Heißkleber

Schönes Wetter, Sonnenschein und angenehme Temperaturen, wer wünscht sich das nicht zum Hochzeitstag? Viele Hochzeiten werden daher in den Sommermonaten geplant. Und dann ist es viel zu heiß. Gar kein Problem: Nicht nur kühle Getränke sorgen für die notwendige Abkühlung, sondern auch diese hübschen Fächer, mit denen man sich eine Portion frische Luft zuwedeln kann.

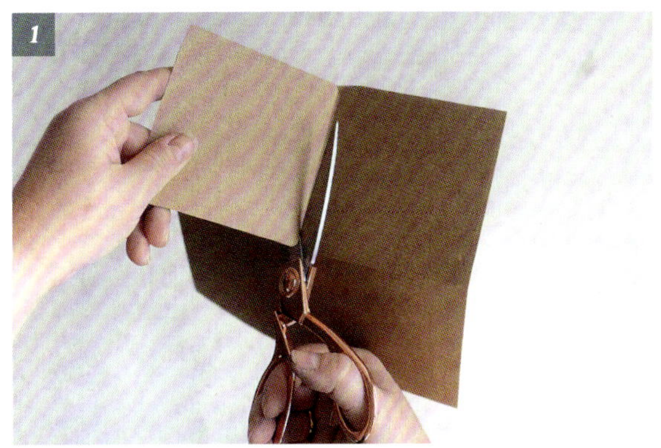

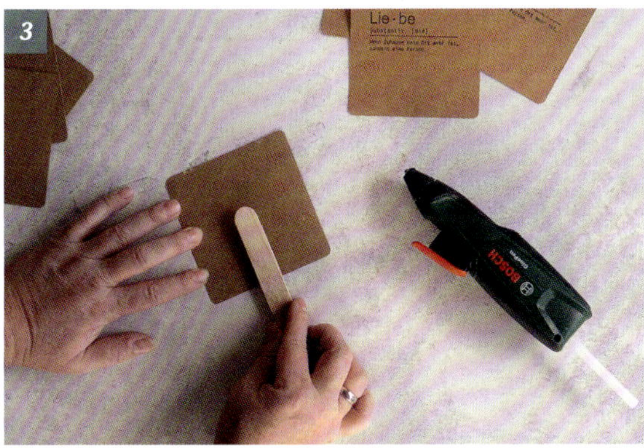

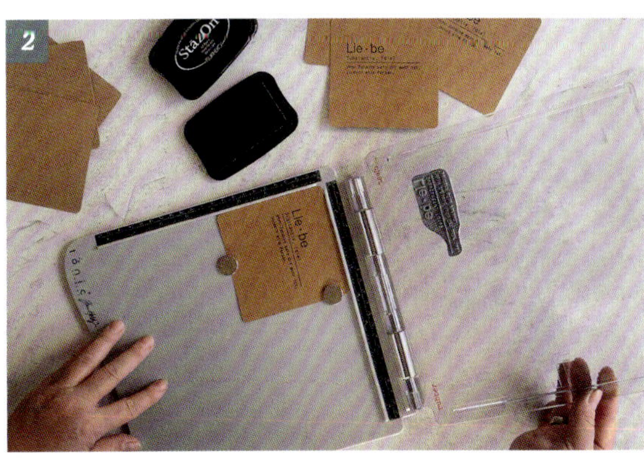

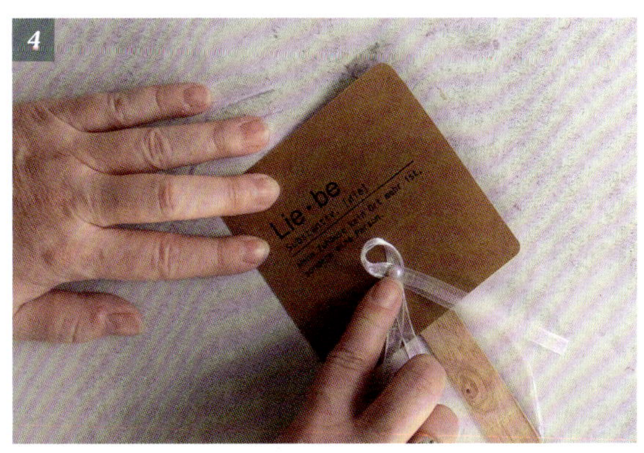

1. Schneide aus dem Kraftpapier ca. 10 cm x 10 cm große Zuschnitte aus und runde die Ecken leicht ab.

2. Stempele ein hübsches Motiv auf. Ich habe mich hier für diesen Spruch entschieden:
„Liebe
Substantiv, [die]
Wenn Zuhause kein Ort mehr ist, sondern eine Person.“

3. Auf der Rückseite der Kraftpapierquadrate klebst du den Holzspatel mit Heißkleber fest.

4. Die Vorderseite kannst du mit Organzaband und selbstklebenden Halbperlen nach Lust und Laune verzieren.

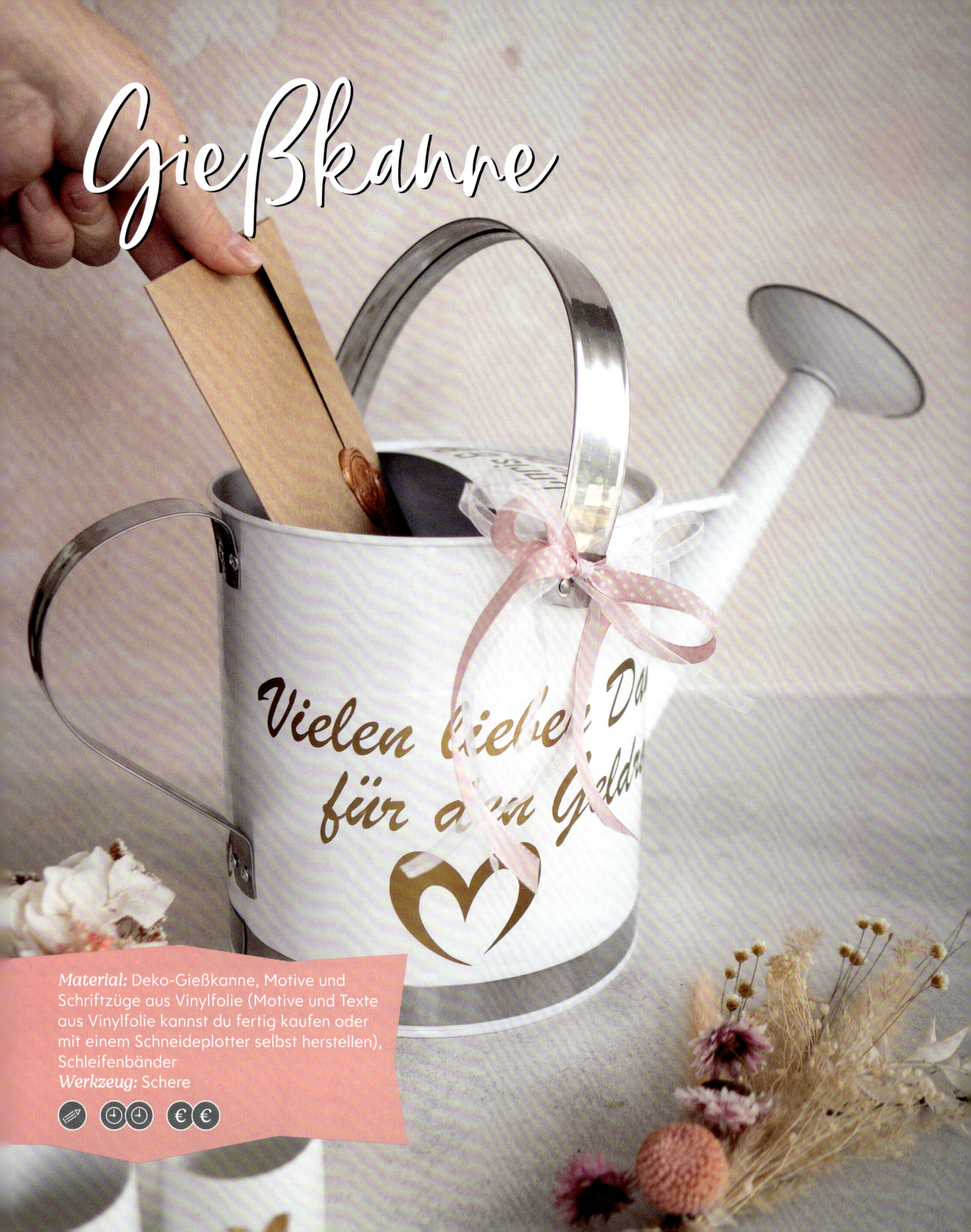

Gießkanne

Material: Deko-Gießkanne, Motive und Schriftzüge aus Vinylfolie (Motive und Texte aus Vinylfolie kannst du fertig kaufen oder mit einem Schneideplotter selbst herstellen), Schleifenbänder
Werkzeug: Schere

Dass es zu eurem Hochzeitsfest viele liebevolle Geschenke geben wird, ist ziemlich gewiss. Alle Freundinnen und Freunde, Verwandten und Bekannten werden euch für euren gemeinsamen Weg das Beste wünschen. Die meisten Brautpaare freuen sich über Geldgeschenke, die so manches Mal in Umschlägen überreicht werden. Damit nichts verloren geht, könnt ihr die Umschläge in dieser süßen Gießkanne sammeln – für den nächsten Geldregen.

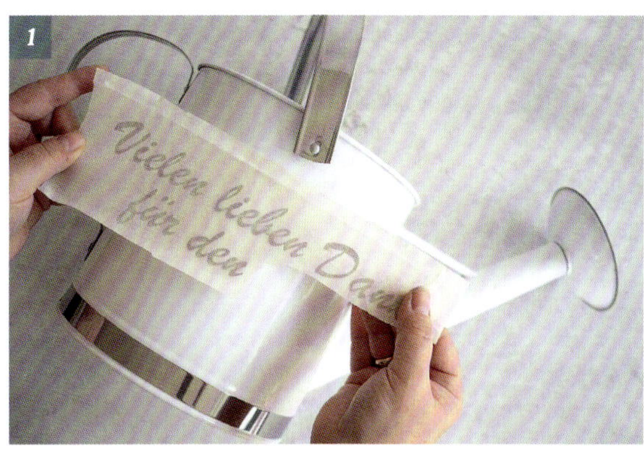

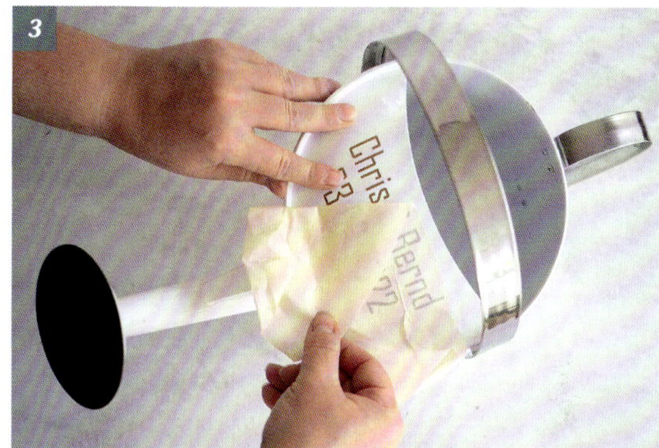

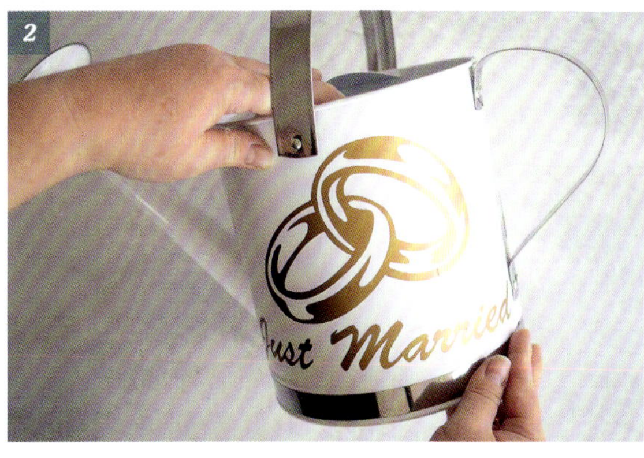

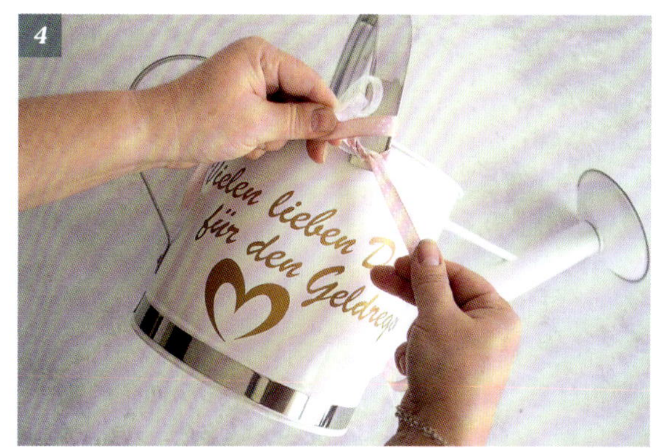

1. Motive und Texte aus Vinylfolie kannst du fertig kaufen oder mit einem Schneideplotter selbst herstellen. Übertrage deine Wunschmotive auf deine Gießkanne.

2. Du kannst Hochzeitssymbole verwenden, eure Namen oder euer Hochzeitsdatum und natürlich solltest du eine kleine Info aufkleben, die euren Gästen verrät, wofür die Kanne verwendet werden soll.

3. Es gibt viele Flächen an der Kanne, die du hierfür verwenden kannst.

4. Mit verschiedenen Schleifenbändern bindest du am Henkel ein hübsches Schleifchen. Auf eurem Gabentisch finden Umschläge und Grußkarten jetzt schnell einen sicheren Platz.

Blechdosen

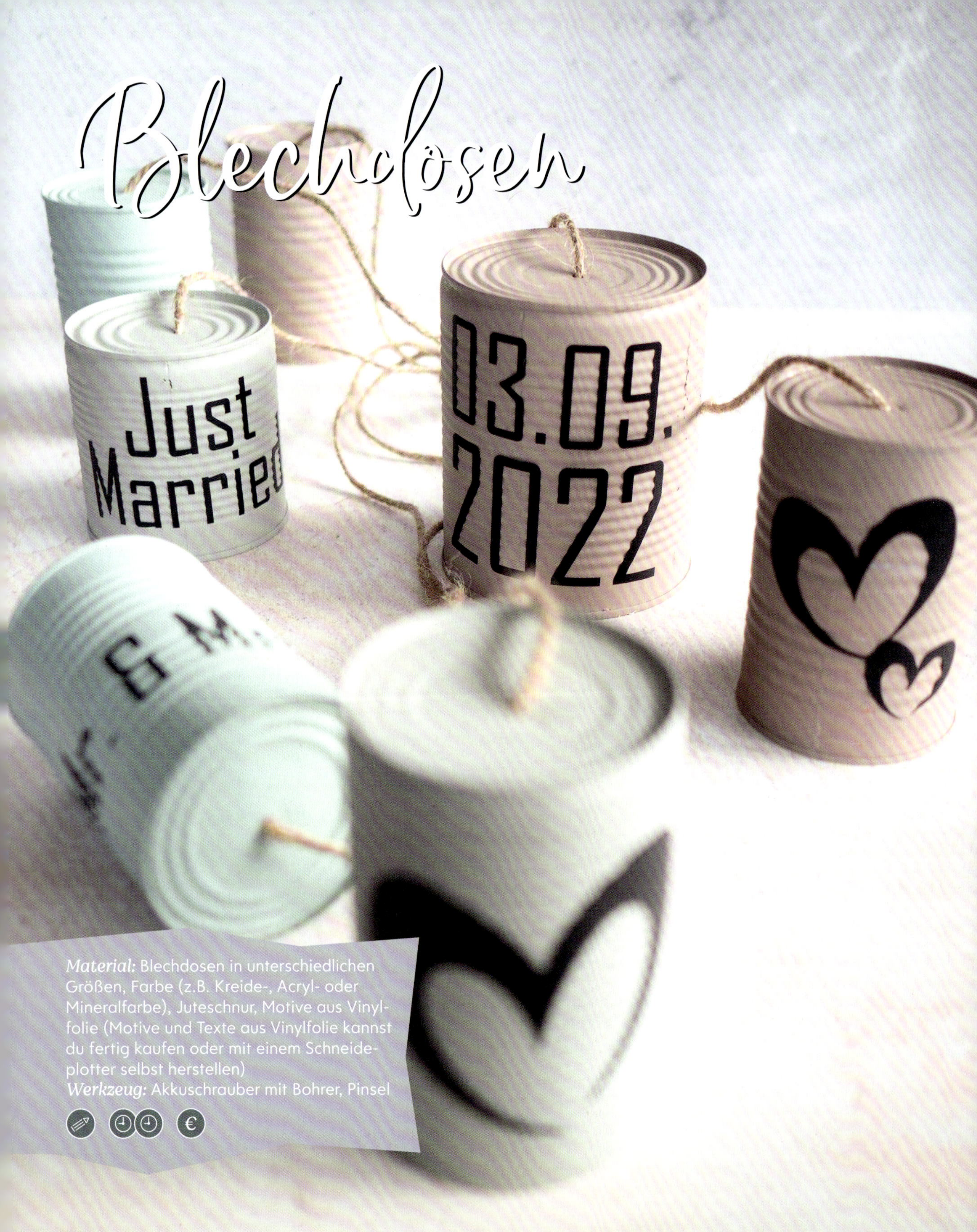

Material: Blechdosen in unterschiedlichen Größen, Farbe (z.B. Kreide-, Acryl- oder Mineralfarbe), Juteschnur, Motive aus Vinylfolie (Motive und Texte aus Vinylfolie kannst du fertig kaufen oder mit einem Schneideplotter selbst herstellen)
Werkzeug: Akkuschrauber mit Bohrer, Pinsel

Dass ihr geheiratet habt, soll jeder hören. Mit lautem Hubkonzert und scheppernden Dosen geht es durch die Straßen eures Ortes. Stilecht scheppert ihr mit diesen selbstgestalteten Blechdosen – in euren Farben, in eurem Design.

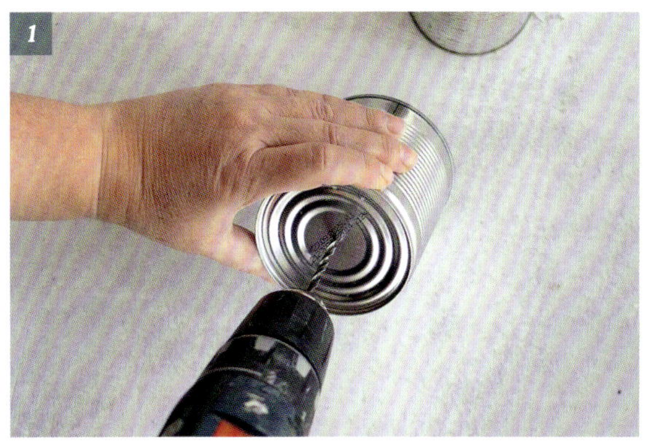

1

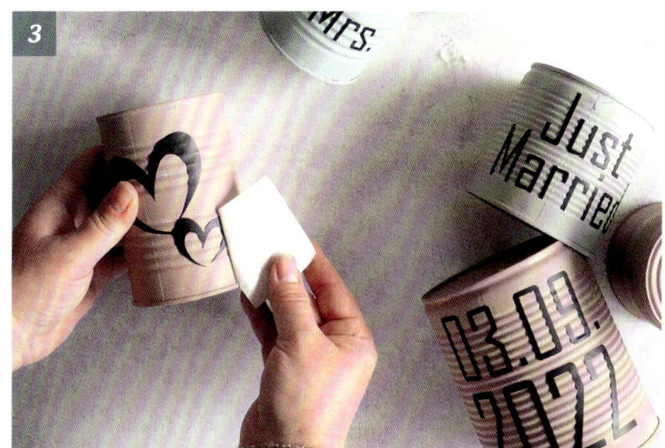

3

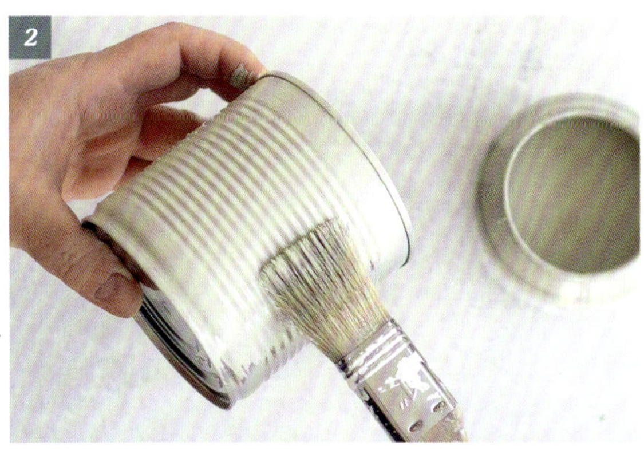

2

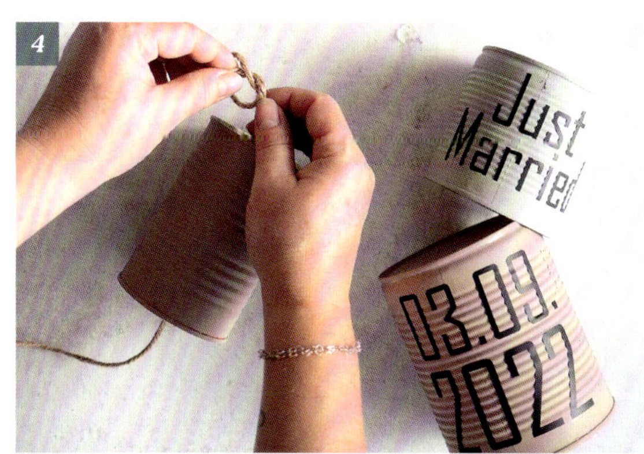

4

1. Mit dem Akkubohrer bohrst du zuerst mittig ein Loch in den Boden deiner Dosen.

2. Streiche dann die Dosen in euren Lieblingsfarben.

3. Ich habe meine Dosen hier mit Motiven aus Vinylfolie gestaltet, die ich zuvor mit einem Schneideplotter hergestellt habe. Du kannst deine Dosen aber auch bemalen und mit Aufklebern verschönern.

4. Durch das Loch am Boden fädelst du dann die Juteschnur und verknotest sie innerhalb der Dose, damit der Faden nicht wieder herausrutschen kann. Zum Schluss werden alle Dosen zusammengeknotet und an euer Auto gebunden. Das macht ordentlich Krach – versprochen.

Weitere Bücher

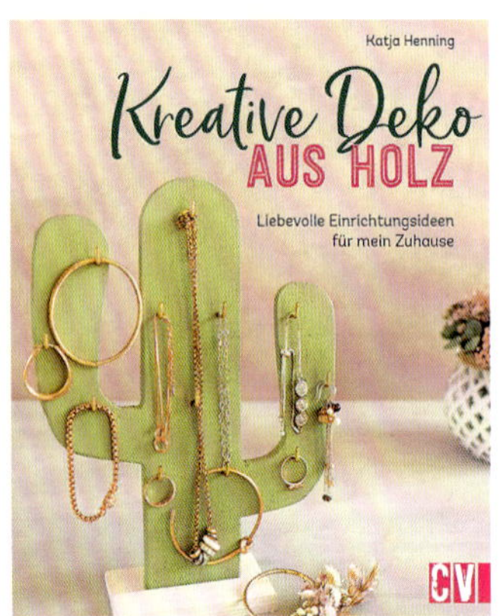

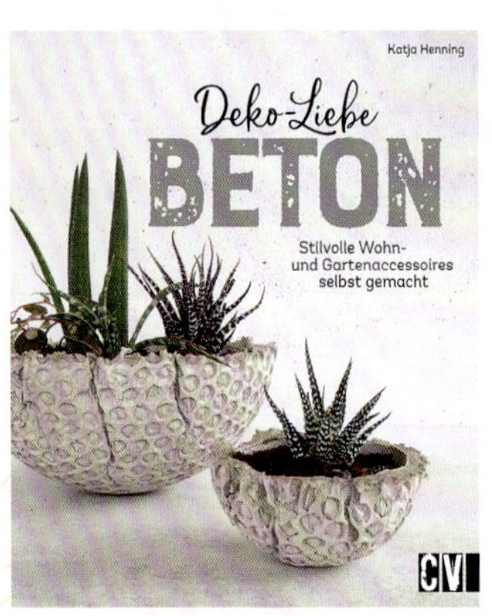

Du hast auch nach deiner Hochzeit Lust, kreativ tätig zu werden? *Kreative Deko aus Holz – liebevolle Einrichtungsideen für mein Zuhause* und *Deko-Liebe Beton* sind weitere Veröffentlichungen von Katja Henning.

Stilvolle, kreative und elegante Dekoideen aus Holz und Beton – einfach nachzuarbeiten dank vieler Tipps und Bilder! In beiden Büchern entstehen jeweils über 20 hochwertige Dekoobjekte aus diesen Werkstoffen.

Auch hier legt Autorin Katja Henning bei ihren Projekten großen Wert auf Kreativität, Design und eine stilvolle Fotografie. Bebilderte Schritt-für-Schritt-Anleitungen sowie Tricks und Tipps vereinfachen die Entstehung der Unikate. Mit dabei sind dekorative Schätze für das eigene Zuhause, praktische Organizer und traumhafte Geschenke für die Liebsten. Simple Anleitungen mit Wow-Effekt!

Vielen Dank

Vielen lieben Dank, Chris und Bernd, dass ich eure Hochzeit kreativ begleiten durfte. Ihr habt den Anstoß gegeben für dieses Buch. Danke an Laura und Marius, dass ich eure wunderschönen Hochzeitsfotos in meinem Buch verwenden darf. Danke, liebe Elena, für die tollen Bilder, die du von Laura und Marius gemacht hast und für den lieben Kontakt zu den beiden. Danke an meine Familie für die schöpferischen Freiräume und dass ihr mein kreatives Chaos schon wieder toleriert habt. Danke an meine Eltern für den Ideenreichtum, den ihr mir in die Wiege gelegt habt, und dass ihr mir immer wieder zeigt, wie stolz ihr auf mich seid. Vielen Dank Alexandra für die textliche Unterstützung bei der Umsetzung meines dritten Kreativbuches. Danke an Lisa Tihanyi – ich habe bei dir so viel über Fotografie und Storytelling lernen dürfen. Danke an alle Freunde und die Gestaltungsraum-Community, für die Begeisterung an meinen DIY-Projekten und die wertvollen Anregungen. Ihr seid die Besten. Herzlichen Dank an den Christophorus Verlag, der mit diesem Buch erneut an mich und meine Ideen glaubt. Vielen lieben Dank, liebe Lena Denu, für das Vertrauen und die engagierte und wundervolle Unterstützung.

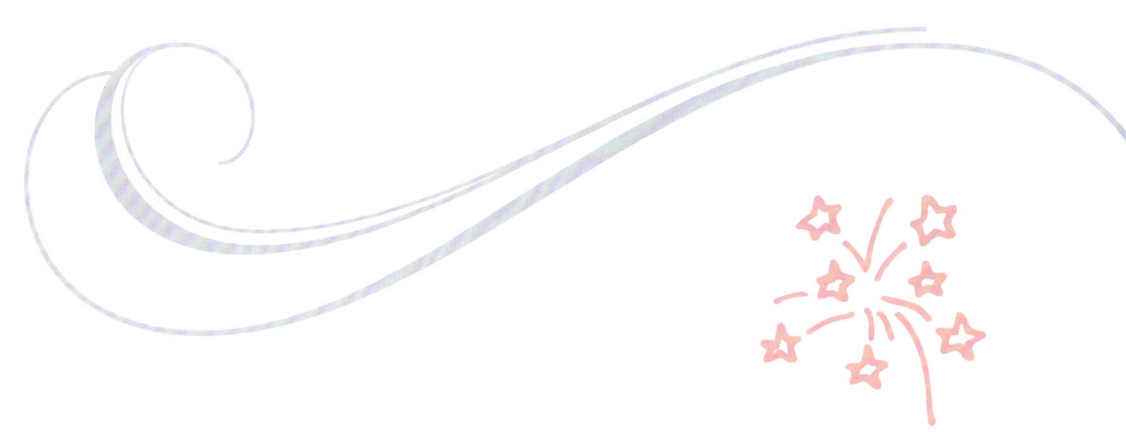

Über die Autorin

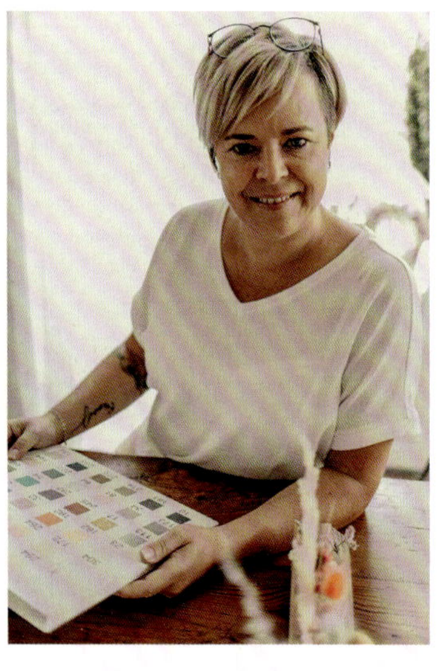

Katja Henning lässt kaum eine Gelegenheit ungenutzt, sich kreativ auszuleben. *Feste feiern – Hochzeit* ist ihre dritte Veröffentlichung und beschäftigt sich mit stilvollen DIY-Ideen rund um die ideenreiche Ausgestaltung einer Hochzeit. Mit Fantasie und Einfallsreichtum gestaltet sie Projekte zu den Themen Dekoration, Papeterie, Gastgeschenke und vielen mehr und zeigt in diesem Buch, wie einfach es ist, geschmackvolle Unikate selbst herzustellen und seinem schönsten Tag im Leben ganz persönlichen Charakter und Charme zu geben.

DIY und Upcycling sind seit langem ihre große künstlerische Leidenschaft. In ihrem „Gestaltungsraum“ (www.meingestaltungsraum.de) und auf Social Media zeigt sie anderen Kreativen, was man so alles aus alltäglichen Dingen, aus Holz oder Beton gestalten kann, veröffentlicht Schritt-für-Schritt-Anleitungen, verkauft ihre wunderschönen Werke und gibt ihr Talent in Workshops weiter. Bereits in ihren ersten Veröffentlichungen *Kreative Deko aus Holz* und *Deko-Liebe Beton* nimmt sie ihre Leser*innen mit in ihre kreative Welt.

Katja Henning lebt mit ihrem Mann, ihren beiden Töchtern und Familienhund Wilma in der Nähe von Karlsruhe. Auch beruflich ist sie im kreativen Bereich tätig und leitet die Kommunikationsabteilung eines internationalen Unternehmens.

Impressum

Autorin: Katja Henning
Fotos & Styling: Katja Henning
Autorenfoto und Hochzeitsbilder:
Elena Strohecker Photography
Produktmanagement: Lena Denu
Lektorat: Elena Bruns
Korrektorat: Dajana Vidmar
Satz: Elke Mader
Umschlaggestaltung: Andreas Kersten
Repro: LUDWIG:media
Herstellung: Kathleen Baumann
Printed in Turkey by Elma Basim

Sind Sie mit diesem Titel zufrieden? Dann würden wir uns über Ihre Weiterempfehlung freuen. Erzählen Sie es im Freundeskreis, berichten Sie Ihrem Buchhändler oder bewerten Sie bei Onlinekauf. Und wenn Sie Kritik, Korrekturen, Aktualisierungen haben, freuen wir uns über Ihre Nachricht an: Christian Verlag, Postfach 40 02 09, D-80702 München oder per E-Mail an lektorat@verlagshaus.de.

Unser komplettes Programm finden Sie unter

www.christophorus-verlag.de

Bildnachweis:
Illustrative Ornamente: Shutterstock/LemonadePixel, TWINS DESIGN STUDIO

Die Deutsche Nationalbibliothek verzeichnet diese Publikation in der Deutschen Nationalbibliografie; detaillierte bibliografische Daten sind im Internet über www.dnb.de abrufbar.

ISBN: 978-3-8388-3842-7

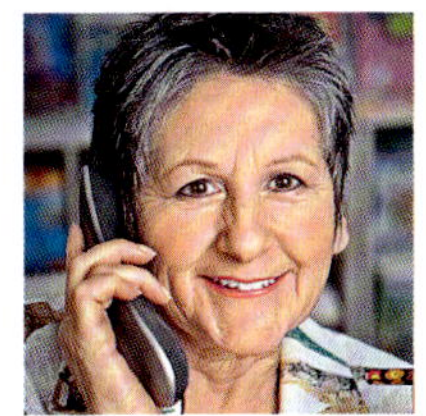

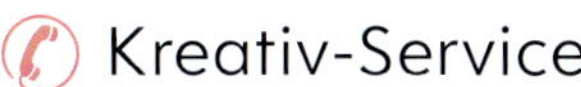

Kreativ-Service

Sie haben Fragen zu den Büchern und Materialien? Frau Erika Noll ist für Sie da und berät Sie rund um alle Kreativthemen. Rufen Sie an! Wir interessieren uns auch für Ihre eigenen Ideen und Anregungen. Sie erreichen Frau Noll per E-Mail: kreativ-service@c-verlag.de oder Tel.: +49 (0) 89. 13 06 99 577.

Besuchen Sie uns im Internet: www.christophorus-verlag.de & www.selbstgemacht.de

Ebenfalls erhältlich ...

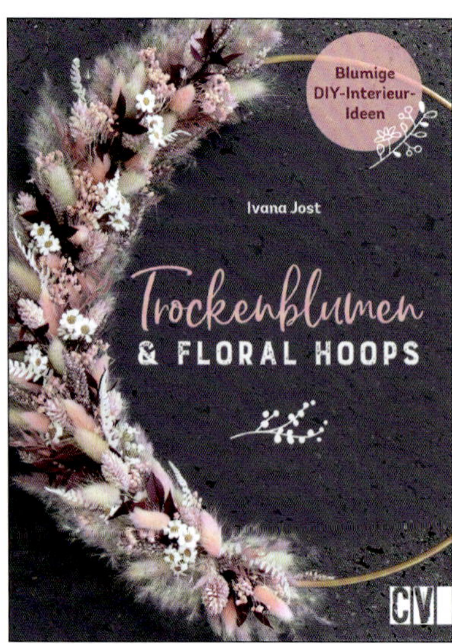

ISBN 978-3-8388-3801-4

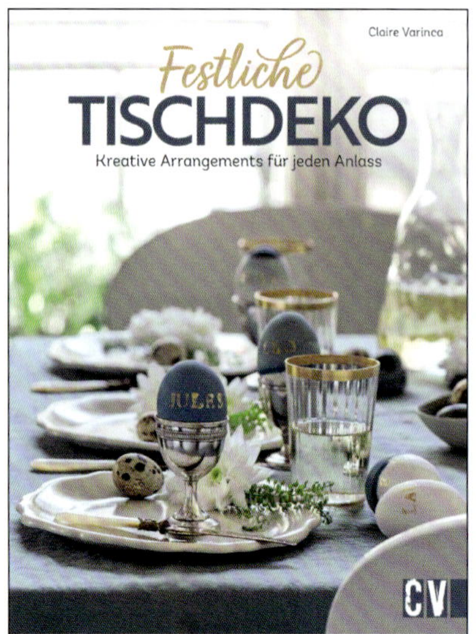

ISBN 978-3-8388-3830-4

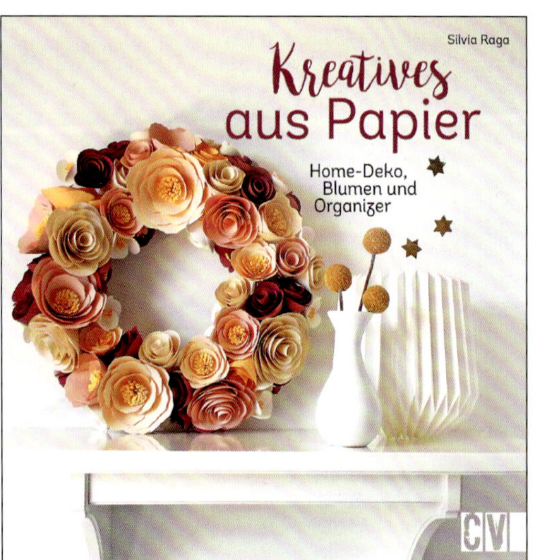

ISBN 978-3-8388-3803-8

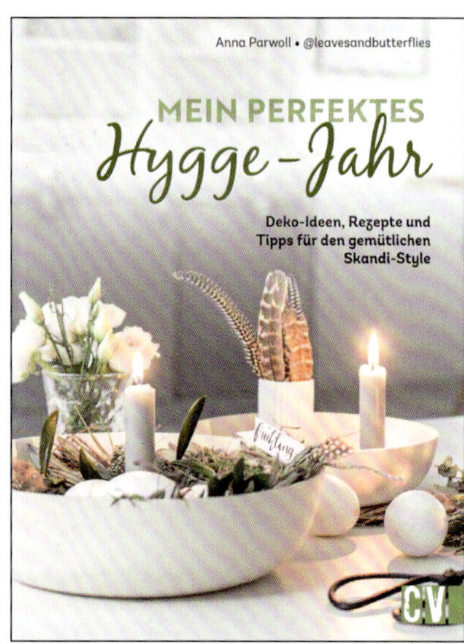

ISBN 978-3-8388-3834-2

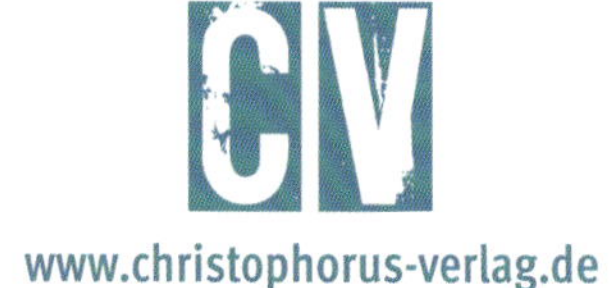

www.christophorus-verlag.de